만 권의 책을 읽고 백 권의 책을 쓰다

책을 통해 마부작침을 실천한 흙수저 남자의 인생역전 스토리

만 권의 책을 읽고
백 권의 책을 쓰다

김병완 지음

도서
출판 니어북스

만 권의 책을 읽는다고 해서
지금 당장 달라지는 것은 없다

"만 권의 책을 읽고 만 리의 길을 걸으면 가슴 속에서 온갖 더
러운 것이 제거되어 절로 구학이 마음속에서 생기고, 산수의
경계가 만들어져 손 가는 대로 그려내니 이 모두가 이루어진
것이 산수의 전신이다."

– 명대明代 동기창董其昌, 『화론』

중국의 위대한 역사서를 쓴 사마천은 '만 권의 책을 읽고(독만권
서讀萬卷書) 만 리의 길을 걸은(행만리로行萬里路) 사람'이다. 그의 저
력은 바로 만 권의 책과 만 리의 길이었다.

만 권의 책을 독파한다는 것은 도끼를 갈아서 바늘을 만드는 것
(마부작침磨斧作針)과 같다. 그릿GRIT이 없고, 끈기가 없고, 책에 대

한 열정이 없다면 절대 할 수 없는 일이다.

과연 만 권의 책과 만 리의 길은 사람에게 어떤 영향을 주고, 어떻게 얼마나 변화시키는 것일까?

그리고 만 권의 책을 읽고, 만 리의 길을 여행한 사람들은 과연 어떤 생각을 하고 어떤 삶을 살아가게 되는 것일까?

필자는 만 권의 독서를 했다. 만 리의 길을 여행했다고는 할 수 없지만 만 리의 길을 여행하는 것과 비슷하게 8,000명의 독서법 제자들을 길러내고, 800명의 작가를 배출했다.

물론 만 권의 책을 읽고, 만 리의 길을 걸었다면 지금보다 더 나은 책쓰기·독서법 학교를 운영할지도 모를 일이다. 하지만 지금도 필자에게는 충분히 과분한 성과다.

만 권의 독서를 한다고 해서 지금 당장 엄청나게 똑똑한 사람이 되거나, 누구든 순식간에 감동을 줄 만큼 천하의 달변가가 되는 것은 아니다. 만 권의 독서를 한다고 해서 미래를 내다볼 수 있는 그런 도통한 사람이 되는 것도 아니다. 만 권의 독서를 한다고 해서 지금 당장 1,000억 원이 생기는 것도 아니고, 눈부신 자격증이나 명예로운 상이 주어지는 것도 아니다.

만 권의 독서를 한다고 해도 지금 당장은 격차가 나지 않는다. 하지만 서서히 조금씩 격차가 나기 시작한다. 아주 작은 격차가 말이다. 그리고 10년이 지나면, 그 누구도 쉽게 따라올 수 없을 만큼 큰 격차가 발생한다. 이 책은 바로 그 격차 이야기다.

3년 만 권 독서 이후 10년 동안의 격차, 마치 마부작침과도 같은 그런 우둔한 남자 이야기가 바로 이 책이다. 책 읽기에 미친 남자, 책쓰기에 미친 남자, 책쓰기와 독서법을 가르치는 일에 미친 남자의 이야기다. 그 이상도 그 이하도 아니다.

 지난 십 년 동안 100여 권의 책을 집필했다. 평범한 사람이 만 권 독서를 한 후에 10년 동안 이룬 성과로는 너무 과할 정도다. 하지만 책쓰기 수업과 독서법 수업에 10년 이상 전념하지 않았다면, 10년 동안 500권의 책을 저술하는 것도 가능했을 것이다. 한 달에 다섯 권의 책을 저술하고 출간한 경험, 5일 만에 책 한 권을 다 쓴 경험을 실제로 갖고 있기 때문이다.
 한 달에 다섯 권의 책을 충분히 집필할 수 있는 속도는 오롯이 만 권 독서 덕분이다. 만 권 독서를 하면 사람이 완전히 다른 사람이 된다. 믿기 힘들다면 직접 해 보면 된다. 직접 해 보기 전에는 왈가왈부해서는 안 된다.

 만 권 독서를 통해 위대한 인물이 된 사람들이 한두 명이 아니다. 중국에는 역사상 최고의 역사서를 쓴 사마천이 있고, 한국에는 우리 역사에서 가장 많은 책을 집필한 혜강 최한기 선생이 있다. 필자가 가장 존경하는 인물이다.
 인간이 만 권의 책을 독파하면, 평범하게 살 수는 없다. 뭔가 비범한 '짓'을 해야만 한다. 그것이 만 권 독서의 위력이다. 만 권 독서 덕분에 팔자에도 없는 독서법 창안자가 되고, 책쓰기 멘토가 되고,

미국과 캐나다에 1년에 두세 번씩 강의를 하러 다녀오는 사람이 되었다.

필자는 이렇게 한 가지를 시작하면, 다른 것에 눈을 돌리지 않고, 한 우물만 파는 사람이다. 쉽게 이야기하자면, 정말 잔꾀를 부릴 줄 모르는 사람이다. 잔머리가 없다. 바보 같은 사람이다. 그저 소처럼 우직하게 하나에 미치는 남자다. 우보만리牛步萬里 혹은 백천지공 百千之功이라는 말이 딱 맞는 사람이다.

잔꾀도 없고, 잔머리도 없고, 말도 없는 이 사람은 운전해서 어디에 가는 것을 아주 싫어한다. 집이나 도서관에서 두문불출하는 것을 좋아한다. 그래서 도서관에 온종일 처박혀 책을 읽었다. 하루 이틀 그렇게 한 것이 아니라 3년 동안 그렇게 했다. 물론 회사도 그만두고 세상의 모든 부와 성공도, 인맥도, 경력도 내팽개치고 독서만 했다. 이때는 정말 제정신이 아니었다. 세상의 그 어떤 좋은 것도 책보다는 못했기 때문이다. 책에 반쯤은 미쳐 있었던 시기다.

인생을 살면서 무엇인가에 한 번쯤 미치게 되는 때가 있다. 필자에게는 이때였다. 그 대상은 책이었다.

물론 월급을 주거나 후원을 해 주는 사람이나 회사는 단 한 명도, 한 곳도 없었다. 그냥 책에 완전하게 미쳐서 책만 읽었다. 1,000일 동안 읽은 책이 10,000권이 되었다.

"한두 권의 책을 읽으면 성취감을 느낄 수는 있지만, 일상이 달라지지 않는다. 하지만 1,000권의 책을 읽으면 내면이 달라지고 생각이 달라진다. 5,000권의 책을 읽으면 세상을 내다보는 시각이 달라질 뿐 운명은 달라지지 않는다. 하지만 10,000권의 책을 읽으면 비로소 인생이 달라지고, 팔자가 바뀐다."

필자가 늘 강조하는 말이다. 안 해 본 사람은 말을 하지 말라. 책을 읽고 팔자를 바꾼 사람만이 아는 그런 것이 있다.

처음에 필자가 세상에 나왔을 때. 3년 동안 도서관에서 칩거하고 3년 만 권 독서를 하고 나서 처음 세상에 나왔을 때, 많은 이들은 비난하고, 의심했다.

"뭘 하려고 만 권이나 읽었나요?"
"만 권 독서하면 쌀이 나와요, 밥이 나와요?"

비아냥거리고 깎아내렸다. 하지만 만 권 독서를 하지 않았다면 대한민국 1등 책쓰기 학교, 독서법 학교는 존재하지 않았을 것이다. 만 권 독서를 하지 않았다면 8,000명에게 독서법을 전수해 줄 수 있는 대한민국 유일무이한 독서법 멘토이자 독서법 전문가가 될 수 없었을 것이다. 만 권 독서를 하지 않았다면 10년 동안 100권의 책을 출간할 수 없었을 것이다. 만 권 독서를 하지 않았다면 대한민국 국민 독서법이라 불리는 퀀텀독서법을 창안하지도 못했을 것이다.

만 권 독서를 하지 않았다면 10년 동안 매년 연속해서 베스트셀러를 출간하는 베스트셀러 작가도, 자기 계발 1위 작가도 될 수 없었을 것이다. 만 권 독서를 하지 않았다면 많은 이들에게 용기와 동기를 유발하는 책들을 집필할 수 없었을 것이다.

만 권 독서를 하지 않았다면, 책을 쓰고 싶지만 경험이 부족해서 고민하는 많은 이들에게 작가의 꿈을 이루게 해 주는 책쓰기 학교의 교장이 될 수 없었을 것이다.

만 권 독서를 안 해 본 사람은 만 권 독서의 위력을 절대 상상도 할 수 없다. 만 권 독서를 하면, 이전에는 절대로 해낼 수도 없고 상상도 할 수 없었던 일을 해낼 수 있는 사람으로 완전히 바뀐다는 사실을, 인생이, 팔자가 바뀐다는 사실을 실감하게 된다.

이 책은 만 권 독서를 한 남자의 만 권 독서 이야기이자 만 권 독서 이후 10년 동안의 이야기다. 만 권 독서를 하고 나서 그 후 10년 동안 과연 어떤 일을 했고, 무슨 일이 벌어졌고, 어떤 변화와 성장을 경험했고, 어떤 성취를 해냈는지에 대한 기록이다.

한 권 한 권을 읽어서 만 권을 독파하는 것이 마부작침이 아니고 무엇이겠는가? 다독은 잔꾀가 있는 사람, 잔머리가 있는 사람은 절대 할 수 없다. 미련하고 우직하고 바보 같은 사람만 가능한 일이다. 바보 같이 미련한 남자의 10년 여정이다.

2025년 4월
김병완

차 례

제1장

첫 번째 여정 – 만 권의 책을 읽다

제2장

두 번째 여정 - 백 권의 책을 쓰다

제3장

세 번째 여정 - 8백 명의 작가를 배출하다

제4장

네 번째 여정 - 8천 명의 독서천재를 양성하다

제5장

책쓰기·독서법에 대해 내가 하고 싶은 말들

제1장

첫 번째 여정 -
만 권의
책을 읽다

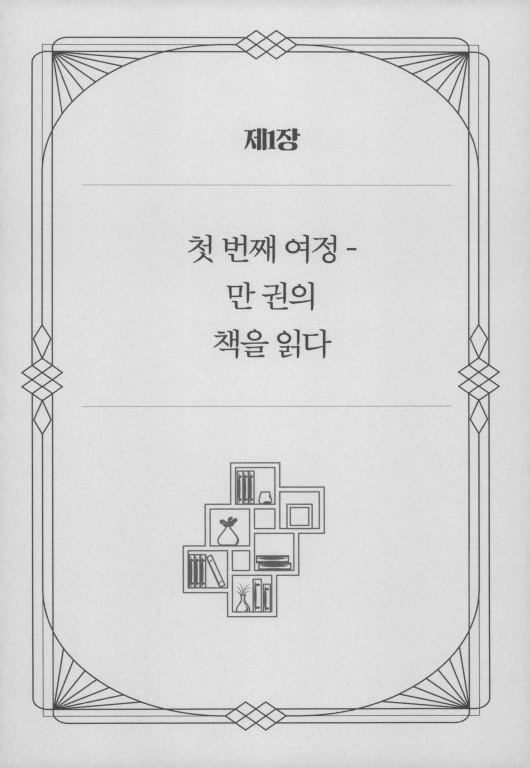

"만 권의 책이 있는 곳이 낙원이다."

— 허균

"당신은 책을 좋아하지 않을지도 모른다. 또한 당신의 생활은 부질없는 야심과 쾌락을 추구하는 데 바쁠지도 모른다. 그러나 세상은 당신이 생각하는 것보다 훨씬 광범위하다. 그 세계는 책에 의해 움직이고 있다."

— 볼테르

"얼마나 많은 사람들이 독서를 통해 인생의 새 장을 열어왔는가!"

— 헨리 데이비드 소로

독만권서? 이게 실화?

"독만권서 행만리로 교만인우讀萬卷書 行萬里路 交萬人友"

중국에는 이런 속담이 있다. "만 권의 책을 읽고, 만 리의 길을 여행하고, 만 명의 친구를 사귀어라."라는 뜻이다. AI(인공지능) 시대에도 이 속담이 매우 중요한 이유가 있다. 그것은 지식과 콘텐츠를 만드는 가장 좋은 방법이 바로 위의 세 가지이기 때문이다.

이 세 가지를 한 사람은 인생이 바뀐다. 새로운 지식과 콘텐츠를 가장 많이 생산해 낼 수 있는 사람이 되기 때문이다.

땅속보다 더 많은 부와 재화가 인간의 생각에서 나왔다. '독만권서讀萬卷書 행만리로行萬里路' 하는 사람의 머리에서 더 다양한 지식과 콘텐츠가 나온다. 새로운 지식과 콘텐츠는 부와 재화의 다른 이름일 뿐이다.

만 권의 책을 독파하는 것은 끈기가 없고, 책에 대한 열정이 없는 사람은 절대 할 수 없는 일이다. 만 권 독서를 했다고 하면 의심부터 한다. 허풍쟁이라고 한다. 본인이 절대 할 수 없는 일이기 때문이다.

세상에는 평범한 사람도 많지만, 비범한 이들도 적지 않다. 하지만 평범한 사람이었는데, 뭔가를 통해 비범하게 바뀐 사람은 많지 않다. 그런데 이렇게 바뀐 사람들의 공통점은 바로 독서다.

만 권 독서를 한다면 어떻게 바뀔까? 이 질문에 답하기 전에 먼저 만 권 독서가 과연 가능한 일일까?

인류 역사를 뒤돌아보면, 만 권 독서를 한 사람은 몇 명이나 될까? 우리가 생각하는 것 이상으로 많다.

중국에서는 두보가 만 권의 책을 읽은 후에 전국을 여행하면서 "만 권의 책을 읽으면, 글을 쓰는 것이 신의 경지에 이르게 된다(독서파만권讀書破萬卷 하필여유신下筆如有神)."는 시를 짓기도 했다.

우리나라에는 혜강 최한기 선생이 있다. 혜강은 우리나라 국민 중에서 책을 가장 많이 집필한 인물이기도 하다. 무려 1,000권의 책을 집필했다고 전해진다. 혜강 선생의 마당에는 선이 하나 있었다. 그것이 바로 만 권의 책을 읽지 않은 사람은 넘어오지 말라고 하는 선이다. 방대한 양의 독서와 집필을 한 최고수 가운데 한 명이다.

"가슴 속에 만 권의 책이 있어야 그것이 흘러넘쳐서 그림과 글씨가 된다."

조선 시대 유명한 서예가이자 학자였던 김정희 선생도 만 권의 책을 읽은 것으로 유명하다. 그는 방대한 독서를 통해 큰 업적을 이룬 인물이다.

"만 권의 책을 읽었지만, 내 몸은 아직 서럽기만 하다."

백 권의 책을 저술한 천재 괴테가 자신의 저서인 『파우스트』에서 한 말이다. 그는 80년 동안 책 읽는 방법을 배우기 위해 세월을 바쳤다고 한다. 그럼에도 평생 배워도 잘 배웠다고 할 수 없다고 한탄했다.

이 외에도 만 권 이상의 책을 읽었다고 전해지는 이들을 살펴보면 적지 않다. 중국의 혁명가 마오쩌둥, 프랑스 대통령 니콜라 사르코지, 미국의 대통령 제임스 A. 가필드, 미국의 철학자이자 시인인 랄프 왈도 에머슨, 나폴레옹 보나파르트, 레프 톨스토이, 존 스튜어트 밀, 알렉산드로 푸시킨 등은 만 권 이상의 방대한 독서량으로 유명하다.

방대한 양의 독서를 하면 어떻게 될까?

책만큼 위대한 스승은 없다. 방대한 양의 엄청난 책은 큰 바다와 같이 우리의 사고와 의식 수준을 비약적으로 도약시켜 줄 만큼 강력한 힘과 영향력을 가지고 있기 때문이다. 그리고 무엇보다 짧은 시간 안에, 한 권 한 권 쌓인 수천 권의 책이 우리의 뇌와 마음과 정신에 모이면, 엄청난 시너지 효과가 발생하기 때문이다.

중국 당대의 시문을 모아 놓은 책인 『고문진보』에는 "책을 읽으면 만 배의 이익이 있다."라는 말이 나온다. 이 말은 절대 그냥 해 보는 소리가 아니다. 컴퓨터의 황제인 빌 게이츠도 이와 비슷한 말을 했다. "독서 습관은 100억 원보다 더 가치 있는 유산이다."라고 말이다. "책을 안 읽어도 충분히 성공할 수 있는데 굳이 책을 읽어야 하나?"라고 말하는 어리석은 사람들은 자신의 작은 세계에 갇혀 살아갈 수밖에 없는 사람들이며, 이런 사람들의 문제는 아무리 큰 성공을 하고, 큰돈을 벌었다 해도 삶의 수준은 여전히 낮다는 것이다.

생각해 보라. 인간은 아무리 큰 노력을 해도, 아무리 다양한 지식을 쌓아도, 아무리 많은 돈을 벌어도, 아무리 크고 눈부신 성공을 해도, 아무리 높은 지위에 올라도, 잘 바뀌지 않는다. 사람이 바뀐다는 것은 그 사람의 환경이나 조건이 달라졌다는 것도, 새로운 지식이나 경험이 더 많이 주입되었다는 것도 의미하지 않는다. 그런 점에서 독서의 진정한 위력이 여기에 있는 것이다. 인간 그 자체를 전혀 다른 존재로 바꿀 수 있는 것은 이 지상에서는 독서뿐이다.

왜냐하면 인간의 사고와 의식, 그 자체를 완벽하게 달라지게 할 수 있는 유일한 것이기 때문이다.

그래서 고대 그리스 철학자인 소크라테스는 이런 말을 했다.

"남의 책을 많이 읽어라. 남이 고생한 것을 가지고 쉽게 자기 발전을 이룰 수 있다."

철학자 사르트르도 양의 중요성에 대해 비슷한 이야기를 했다.

"많은 것을 변화시키고자 한다면, 많은 것을 받아들여라."

수천 권의 책, 만 권 이상의 책을 읽은 사람은 수천 개의 우물, 만 개 이상의 우물을 경험한 것과 다름없다. 수천 개의 우물, 만 개 이상의 우물이 짧은 시간에 한 사람의 정신과 마음과 의식이라는 장소에 모이게 되면, 한 번도 경험해 보지 못한 거대한 사고의 바다가 형성되는 것이다. 그러한 거대한 사고의 바다를 경험해 본 적이 있는 사람과 없는 사람의 차이를 어떻게 말로 설명할 수 있을까?

그 엄청난 차이를 인간의 제한적인 언어로 표현할 수는 없다. 한 가지 분명한 사실은 백 권 이하의 책밖에 읽지 못한 사람과 만 권 이상의 책을 읽은 사람은 사고력의 깊이, 넓이, 수준과 차원이 다를 수밖에 없다는 사실이다.

글로벌 기업 삼성의 휴대폰 연구원

한 가지 아이러니한 것은 작가의 삶을 살고 있는 필자가 문과생이 아니라 이과생이라는 점이다. 그것도 전자공학도, 즉 공대생이라는 점이다.

글쓰기, 책쓰기를 한 번도 제대로 배워 본 적 없는 사람이 어느 날부터 갑자기 책을 폭발적으로 집필하고 출간하는 일이 생겼다. 마치 신들린 사람처럼 말이다. 하지만 신들려서 그렇게 쓰는 것은 아니다. 신 내림을 받는 사람은 자신이 그것을 받기 위해 어떤 노력이나 준비를 몇 년 동안 하지 않기 때문이다.

필자는 3년 동안 책만 읽는 도서관 생활을 했다. 이 과정에서 만약에 3년 만 권 독서가 아니라 3년 백 권 독서만 했다면 어떻게 되었을까?

적당히 먹고 마시고 즐기면서 대충 독서 생활을 했다면, 3년 동안 밥만 먹고 도서관에 매일 출퇴근한다 해도 독서량은 100권도 되지 못했을 것이다. 세상은 그 어떤 것보다 더 정확하다. 내공과 실력이 부족한 사람은 그만큼의 인생을 살게 된다.

미스트롯이나 미스터트롯을 보면 이런 사실을 더 잘 알 수 있다. 무명 가수로 지내면서 오랫동안 내공과 실력을 쌓은 출전자가 결국에는 마지막 결승까지 진출하는 것이다. 세상은 당신의 생각보다 더 정확하다. 요행을 바라지 마라. 정직하게 준비한 만큼, 책을 읽은 만큼 당신의 인생은 달라진다.

필자는 세계적 기업 삼성전자가 첫 직장이었고, 동시에 인생의 마지막 직장이었다. 삼성을 다닐 때 필자의 별명은 곰이었다. 한 가지 일을 주면 세상이 망해도 그 일만 하는 우직한 곰처럼 끈기가 남달랐기에 붙여진 별명이었다.

대학교 3학년 때 입사가 결정되어 쉽게 입사했고, 직장 생활도 정보통신 연구소 휴대폰 하드웨어 팀에 지원해서 꽤 만족스러웠다. 하지만 업무량은 보통 회사의 서너 배 이상이었다.

입사 동기 중에 50% 이상이 3년 안에 다 퇴사한다. 그 이유는 다양하다. 어떤 동기는 일이 힘들어서, 또 어떤 동기는 공무원 시험을 친다고, 또 어떤 동기는 버티지 못해서, 또 어떤 동기는 경쟁에서 밀려서 퇴사한다.

필자는 11년 재직 기간 중에 첫 5년은 삼성종합기술원의 글로벌 휴대폰 GSM 연구 부서에서 생활했다. 기숙사도 좋고, 대학교처럼 캠퍼스도 좋고, 작업 환경도 좋고, 무엇보다 많은 것을 배우고 경험할 수 있어서 좋았다. 회사 생활은 꽤 만족스러웠다.

태어나서 생애 최초로 해외로 나간 것이 이때였다. 첫 출장지는 이탈리아의 밀라노였다. 완전 시골이었지만 역사가 깊은 곳이었고, 나름 프로젝트에도 이바지한 출장이었다. 아쉬운 것은 그 먼 곳에 출장을 갔음에도 시내 구경할 여유가 없어서 일만 하다가 되돌아왔다는 점이다.

내가 입사했을 때 삼성전자의 휴대폰 글로벌 순위는 LG전자보다도 못했다. 후발 주자였기 때문이다. 하지만 운이 좋게도, 내가 퇴사할 때 삼성전자는 글로벌 휴대폰 1위 기업이 되어 있었다.

큰 역할을 한 것이 SGH-500이라는 글로벌 GSM 휴대폰이었다. 이 휴대폰을 개발하기 위해 정말 많은 선후배가 고생했다. 고진감래라고, 3년 이상의 고생 끝에 SGH-500 휴대폰이 출시되었고, 그 결과 삼성은 글로벌 휴대폰 기업으로 도약할 수 있었다. 이 휴대폰 개발을 진두지휘하셨던 그 당시 신종균 부장은 10년 후에 삼성전자의 사장이 되었다.

필자가 한창 작가와 강사로 활동 중이던 2015년에 신종균 사장의 연봉은 146억 원으로, 현대 자동차의 정몽구 회장, 대한항공 조양호 회장보다 더 많았다. 대한민국에서 평사원으로 시작해서 샐러

리맨의 신화를 이룬 뚝심의 한국인이기도 하다.

　한국을 대표하는 글로벌 기업에서 11년 동안 일을 배우고, 휴대폰을 개발하였다. 혹자는 이 기간을, 책을 읽고 책을 쓰는 작가와 강사의 삶을 기준으로 볼 때 낭비 기간이라고 말한다. 하지만 이것은 뭘 모르고 하는 소리다.

　삼성에 다니면서 익힌, 일을 해내는 방식과 프로젝트 진행과 추진력, 위기 대처 능력, 리더십, 인간관계 등은 평생 훌륭한 밑천이 되어 주었기 때문이다. 삼성의 방식과 탁월한 업무 대응력은 지금의 김병완칼리지를 대한민국 1등 책쓰기·독서법 학교로 만드는 데 큰 일조를 했다고 생각한다.

　필자는 이런 경우를 우회전략의 힘이라고 말한다. 우회전략의 힘이란, 목표 달성을 위해 직접적인 접근 방식에 100% 집중했을 때보다 오히려 간접적인 방식, 심지어 멀리 돌아갈 수 있는 우회전략과 간접적인 방식을 통해 혁신을 이루고, 목표 달성을 해내는 것을 말한다.

　우회전략의 힘을 잘 보여주는 예가 바로 애플이다. 애플은 휴대폰 시장에서 가장 후발 주자였고, 스마트폰 개발 경험과 기술이 크게 뛰어난 기업도 아니었다. 오히려 그 당시 글로벌 1등 회사였던 노키아와 2등이었던 삼성전자가 애플보다 훨씬 더 뛰어난 경험과 기술을 독보적으로 가지고 있었다.

애플이 직접적인 접근 방식으로 경쟁했다면, 지금 우리가 알고 있는 애플은 존재하지 않았을 것이다. 애플은 전통적인 기존의 기술 혁신이라는 직접적인 접근 방식이 아닌, 사용자의 경험과 사용의 직관성, 외관과 디자인이라는 간접적인 방식과 요소에 집중했다. 즉, 스마트폰의 메인 기술에 집중하지 않고, 오히려 iCloud, iTunes, App Store 등 간접적인 것들에 집중함으로써 결국 시장의 생태계를 바꾸어 버렸고, 새로운 휴대폰 생태계에서 새로운 강자가 될 수 있었다.

애플의 사례를 통해 우리는 남들과 같은 방식으로 경쟁하는 것보다, 전혀 다른 방식으로 남과 다르게 경쟁하는 것이 훨씬 더 성공 확률이 높다는 것을 배울 수 있다.

에어비앤비도 우회전략의 힘을 잘 이용하여 성공한 기업 중 하나다. 에어비앤비는 전통적인 호텔 산업과 숙박 시설로 직접적인 경쟁을 하기보다는 우회전략으로, 개인들이 자기 집이나 방을 임대할 수 있는 플랫폼을 구축하여, 소비자들에게 독특하고 개인화된 신선한 경험을 제공하는 차별화를 통해 빠르게 성공할 수 있었다.

에어비앤비의 접근 방식은 직접적인 경쟁이 아닌 간접적인 우회전략을 통해 전통적인 숙박 산업의 시장 생태계를 바꾸고, 새로운 숙박이라는 패러다임을 제시했다. 정면 돌파와 같은 직접적인 문제 해결 대신에, 기존의 문제를 새로운 시각으로 접근하거나, 전통적인 방법의 테두리를 과감하게 벗어나서 상자 밖에서 생각하기를 통해, 창의적인 우회전략을 활용했다. 이렇게 우회전략은 예상치 못한 방식으로 성공이나 성장을 가져다준다.

　필자도 전혀 예상하지 않았지만 3년 동안 도서관에 처박혀 독서만 했는데, 이것이 오히려 원동력이 되어서 책을 쓰는 작가, 책쓰기 코치가 되고, 새로운 혁신적인 독서법을 창안했음을 부인할 수 없다.

　목표를 달성하고 인생을 잘 살기 위해서는 우회하는 지혜가 필요하다. 이런 사실을 잘 말해주는 책이 『우회전략의 힘』이다. 성공한 사람들은 계획보다는 적응을 선택했고, 직접 공략보다는 우회전략을 선택했다고 이 책의 저자인 런던 정치경제대학 교수 존 케이는 말한다.

　왜 물질에 목매는 사람이 부자가 되지 못하는 것일까? 그 이유는 간접적이고 우회적인 전략이 직접적이고 직선적인 접근보다 더 효과적이기 때문이다. 물질적인 부에 집착하는 사람은 절대로 간접적이고 우회적인 방법을 사용하지 않기 때문에 실패한다. 물질적인 목표에만 집중할 때, 단기적인 이익을 위해 장기적인 성공을 희생하는 경향이 있기 때문이다. 진정한 부는 가치 창출, 창의성, 유연함, 혁신 등을 통해 간접적으로 이루어지기 때문이다. 부를 직접적으로 추구하는 과정에서 오히려 본질적인 요소를 간과하기 때문에 손해가 더 큰 것이다. 하지만 성공한 기업가들은 오히려 부를 직접적으로 추구하지 않고 장기적인 비전, 윤리적 원칙, 의미와 가치, 철학, 사명 등을 우선시한다. 이런 간접적인 것들이 오히려 궁극적으로 더 큰 부를 창출하게 만든다.

부를 추구하는 것보다 가치 있는 제품을 만들거나, 고객의 문제를 해결하는 데 집중하는 것이 더 성공적일 수 있다.

가장 행복한 사람은 행복을 직접 좇지 않는 사람인 이유가 바로 이것이다. 행복을 직접적으로 좇는 사람들은 일시적인 만족감을 얻을 수는 있지만, 장기적인 행복을 얻을 수 없다. 반면 간접적으로 추구하는 사람들은 직접적인 행복 그 자체가 아닌, 삶의 의미와 가치를 추구하고, 타인을 돕고 친절을 베푸는 행위를 통해 더 큰 행복을 느낄 수 있다.

즉, 자기 행복을 직접적으로 추구하는 사람은 그것이 길게 가지 못하고 순식간에 사라진다. 하지만 간접적인 우회전략을 실천하는 사람들은 이상하게도 오래, 길게, 진정한 행복을 누리는 사람이 많다. 행복의 우회전략을 실천하는 사람들은 타인을 돕는 활동, 기부 활동, 자원봉사 활동을 꾸준히 하는 사람들, 깊이 있는 인간관계를 맺는 사람들, 의미와 가치 있는 일에 몰두하는 사람들, 자신의 성장과 발전을 위해 지속해서 자기 계발에 집중하는 사람들이다. 이런 사람들은 그 누구보다 행복하고 성공적인 삶을 살아갈 수 있다.

도서관에만 다니는 백수

"도서관은 누구에게나 기적의 공간이다. 상처 입은 이들에게는 그 상처를 낫게 해 주고 상처가 아물도록 해주는 치유의 공간이며, 지옥과 같은 고통을 경험한 이들에게는 잠시나마 평화를 느끼게 해주는 작은 천국이다. 세상 속에 있지만 세상과 단절한 채로 존재할 수 있는 유일한 공간이 도서관인지 모른다. 나는 직장에서 도중하차한 후 도서관에 무임 승차했다. 도서관은 나에게 무임승차를 허락해 주었고, 그 무임승차는 내 인생에 기적을 만들어주었다."

- 김병완, 『나는 도서관에서 기적을 만났다』

필자는 애매하다. 해고를 당한 것도 아니고, 그렇다고 해서 명예퇴직을 한 것도 아니다. 그냥 자발적으로 회사를 나온 것이다. 그렇게 자발적인 백수, 무직자가 된 이유는 바로 도서관 때문이었다. 하루 종일 도서관에 가서 책만 보고 싶었기 때문이다.

처음부터 이런 생각을 한 것은 아니다. 하루 종일 도서관에서 책만 읽다 보니 책에 깊게 빠지게 되었고, 그때부터 도서관 백수 생활이 본격적으로 시작되었다.

도서관 백수, 무직자 생활은 내 인생 최대의 전환점이 되어 주었다. 우리 인생의 기간을 100년이라고 가정했을 때, 3년은 하루 24시간으로 볼 때 50분도 되지 않는 시간이다. 즉, 이 시간 동안 다음에 맞이할 삶을 위해 준비한다면 매우 현명한 일인지도 모른다.

3년 동안 책만 읽는다는 것이 바로 이것이다. 준비하는 것이다. 도서관 백수, 무직자 생활은 더 이상 백수, 무직자가 되지 않기 위해 필요한 기간이었다. '두 걸음 전진을 위한 한 걸음 후퇴'와 같은 개념이다. 더 높게 도약하기 위해 먼저 몸을 움츠려야 하는 것이다.

도서관 백수, 무직자 생활은 인생에 한 번 정도는 해 볼만 한 가치가 있다. 두세 번은 아니지만, 한 번은 꼭 해볼 필요가 있다. 백수, 무직자 생활을 하면서 비로소 자신을 정확히 대면할 수 있고, 세상을 더 냉철하게 바라볼 수 있기 때문이다.

많은 사람이 후회하는 것 중 하나는 열심히 살지 못한 것이 아니라, 조용히 멈추어 서서 자신의 삶을 성찰할 시간이 없는 것이다. 조용히 멈추어 서서 3년 정도 세월을 허송하는 것이 사실은 세월을 아끼는 길이었음을 나는 이제야 알게 되었다. 너무 바쁘게 사는 것, 너무 열심히 사는 것이 과유불급의 지름길이라는 사실을 우리는 알아야 한다.

　그러므로 천천히 가고, 조금은 멈추어도 좋다. 세상은 그대로 당신을 기다려 준다.

　코로나19 팬데믹을 처음 경험했을 때, 많은 사람이 처음 3개월 정도는 무기력을 경험하게 되고, 우울증까지 걸리는 등 직접 혹은 간접적으로 큰 피해를 겪었다. 많은 이들이 아까운 생명을 잃게 되는 재앙 중의 재앙이었다. 하지만 코로나19는 양면의 얼굴을 하고 있다. 한쪽에는 재앙이자 저주이지만, 또 다른 한쪽 면에는 선물이다.

　코로나19를 통해 삶의 중요성과, 일상의 행복과, 건강의 소중함과, 가족 관계의 중요성과, 환경의 경이로움을 경험할 수 있었고, 깨닫게 되었기 때문이다. 잠깐 동안의 멈춤은 우리를 다시 태어나게 했고, 인생에서 무엇이 중요하고 무엇을 하면서 살아야 하는가를 깨닫게 해 주었다.

　이 땅의 많은 백수, 무직자들에게 말하고 싶다.

　"지금 이 상황을 절대 낭비하지 말고, 마음껏 멈춤을 즐기고 누리라!"고.

삼성에 다니면서 아등바등하며 끝까지 직장 생활을 했다면 지금쯤 명예퇴직을 당하고 진짜 백수, 무직자로 죽을 때까지 살아야 하는 그런 최악의 상황을 경험하고 있을지 모른다. 하지만 자발적인 백수, 무직자를 자청한 덕분에 평생 현역으로 살 수 있고, 주식회사를 세 개나 운영하는 대표이사가 되었다.

예스24에서 강력 추천 도서로 선정된 필자의 도서 『나는 도서관에서 기적을 만났다』에는 이런 대목도 나온다.

> "가진 것도, 이룬 것도, 내세울 것도 전혀 없었던 나에게 책은 가진 자들이나 무엇인가를 이루고 내세울 것이 많은 이들과 경쟁에서 이길 수 있게 해 주는 유일한 무기였다. 무에서 유를 창출해 내는 창조의 도구였고, 무능을 유능으로 바꾸고 평범한 사람을 비범한 의식을 가진 사람으로 탈바꿈시키는 마법 상자였고, 인생을 송두리째 바꾸는 기적의 공간이었다. 수많은 책이 살아 숨 쉬고 있는 부산의 국립도서관은 마법사들을 양성하는 마법 학교였다. 최소한 나에게는 그랬다."
>
> – 김병완, 『나는 도서관에서 기적을 만났다』

그렇다. 도서관은 한 마디로 기적의 장소였다. 이런 기적의 장소에 자주, 많이 가는 사람이 되도록 하자. 들어갈 때와 나올 때, 사람이 달라지기 때문이다.

필자는 명함도 못 내밀만큼, 도서관에서 기적을 만난 위대한 인물이 있다. 바로 1835년 스코틀랜드에서 태어나 13세에 미국으로 이민을 갔던 앤드루 카네기다. 그는 가난하여 정규 교육을 전혀 받지 못했다. 하지만 그는 피츠버그에 있던 콜로넬 앤더슨의 개인 도서관을 자주 방문하여 다양한 분야의 책을 읽었다. 그는 도서관에서 얻은 지식과 정보 덕분에 자신의 인생을 바꿀 수 있었다.

　그는 정규 교육을 받지 못했지만, 도서관 덕분에 미국 역사상 가장 유명한 자수성가한 인물 중 한 명으로 도약할 수 있었다. 그는 자신의 성공이 도서관 덕분이라는 사실을 누구보다 잘 알고 있었기 때문에, 1883년부터 1929년까지 미국, 영국, 캐나다 그리고 세계 여러 국가에 무려 2,500개의 공공 도서관을 설립하여 전 세계 수많은 이들에게 독서와 자기 계발의 기회를 제공해 주었다.

　'도서관이 한 사람의 인생을 바꿀 수 있다.'라는 사실을 그는 누구보다 잘 알고 있었다.

다독이 필수인 다섯 가지 이유

3년 만 권 독서에 대해 의심하는 독자들이 적지 않다. 그래서 필자는 오랜 침묵을 깨고 2019년 중반에 유튜브를 시작했다. 유튜브 채널 이름은 '김병완 TV'다.

이 채널을 보면, '나는 어떻게 3년 만 권 독서를 했는가?'라는 제목의 영상이 있다. 이 영상을 꼭 보시기를 권한다. 이 영상을 보면, 3년 만 권 독서가 새빨간 거짓말이 아니라는 사실을 의심 많은 독자가 어느 정도 이해할 수 있게 되는 내용이 담겨 있기 때문이다.

TV조선 '시사토크 판'에도 출연한 적이 있다. 여기서 필자는 사회자의 돌직구를 받아야 했다.

"3년 동안 만 권 독서를 하셨다고 하는데 만 권 독서를 하면 무엇이 좋은가요? 뭐가 달라지는가요?"

생방송과 다름없는 방송이라, 필자는 그 어떤 것도 준비하지 못한 채로 출연을 해서 40분 이상 토크를 하면서, 여러 가지 어려운 질문에 대답했다. 이 질문이 아마도 가장 어려운 질문이었던 것 같다. 아무 생각도 하지 않고 필자는 이렇게 답했던 것으로 기억한다.

"만 권 독서를 하면 지식이 많아지는 것이 아니라, 의식이 달라집니다. 의식이 달라지면 세상과 사람을 통찰할 힘이 생기기 때문에, 결과적으로 인생이 달라집니다. 즉 독서를 한 만큼 세상을 보는 힘이 생기고, 세상을 볼 수 있는 만큼 다른 인생을 살 힘이 생기고, 다른 인생을 산 만큼 그만큼 인생이 바뀝니다."

3년 만 권 독서를 하니 이전보다는 좀 더 세상을 길게 내다볼 수 있게 되었고, 이전보다는 좀 더 걱정과 근심, 염려와 두려움을 내려놓을 수 있게 되었고, 이전보다는 좀 더 세상과 타인에 대한 분노와 시기가 없어졌고, 이전보다는 좀 더 타인에 대한 배려와 이해심이 생겼고, 이전보다는 좀 더 감사와 기쁨이 넘쳤고, 이전보다는 좀 더 많이 웃을 수 있는 사람이 되었다.

3년 만 권 독서를 한다고 화려한 졸업장이나 자격증이 생기는 것은 아니며, 적금을 탈 수 있는 것도 아니며, 부동산 청약이나 로또에 당첨되는 것도 아니고, 억대 연봉 직장인이 되는 것도 아니고, 수천만 원 이상 상금을 탈 수 있는 것도 아니다.

도서관에서 3년 동안 독서만 한다고 해도 세상의 환경이나 삶은 전혀 달라지지 않는다. 그런데도 궁극적으로 삶이 달라지고, 세상의 환경도 달라지는 묘한 경험을 하게 된다.

한 가지 사실은 분명하다. 독서를 많이 한다고 해서 누구나 무조건 리더가 되고, 성공하는 것은 아니다. 하지만 리더가 되고, 성공한 사람들은 대부분 독서를 많이 한 다독가다.

광화문 광장에 가면 만날 수 있는 세종대왕은 엄청난 독서량으로 성군이 된 것임을 아무도 부인할 수 없을 것이다. 세종대왕이 얼마나 많은 양의 독서를 했는지, 그 분량을 우리는 정확히 알 수 없다. 하지만 평소 책을 읽는 습관과 기록을 통해 충분히 가늠해 볼 수 있다.

절대 손에서 책을 놓지 않았고, 심지어 밥을 먹을 때도 책을 읽을 정도였다. 책만 너무 많이 읽고 몸을 챙기지 않아서, 몸에 간질과 같은 병이 날 정도였다. 이런 사실은 실록에 자세히 나와 있다.

『세종실록』(세종3년 11월 7일 자)을 보면 이런 말이 기록되어 있다.

"세종대왕은 즉위하고도 손에서 책을 놓지 않아 수라를 들 때에도 반드시 책을 좌우에 펼쳐 놓았고, 한밤중까지 책에 빠져 도무지 싫은 기색이 없었다.”

세종대왕의 어록을 봐도 세종대왕이 얼마나 위대한 독서가였는지를 알 수 있다.

"무엇보다도 독서하는 것이 제일 유익하다.”
"읽기는 다 읽었으나 또 읽고 싶다.”

왜 우리는 다독해야 할까? 슬로우 리딩만 하면 되지 않을까? 한 권이라도 제대로 천천히 곱씹으면서 독서하면 되는 것이 아닐까? 당신의 생각은 어떠한가? 필자는 확실하게 말하고 싶다. '슬로우 리딩' 절대 하지 말라고, 그리고 다독은 선택이 아니라 필수라고!
그 이유는 무엇일까? 당신이 다독을 반드시 해야 하는 다섯 가지 이유를 '김병완TV'에 올리기도 했다. 유튜브를 보지 않은 독자들을 위해 간단히 이야기하겠다.
'슬로우 리딩'을 절대 해서는 안 되는 다섯 가지 이유이면서, 동시에 다독을 반드시 해야 하는 다섯 가지 이유다.

첫 번째는 독서의 유익 때문이다. 다독이 슬로우 리딩보다 백 배는 더 유익하다. 책을 백 권 읽은 사람보다는 천 권 읽은 사람이 더 크게 발전하고 성장한다.

두 번째는 독서의 순서 때문이다. 독서하는 데에도 순서가 있다. 우리가 초등학교에 다니고 나서 중학교에 다니고, 그 후에 고등학교를 다니고, 그 후에 대학교를 다니듯, 독서에도 순서가 있다는 사실을 아는 사람은 많지 않다. 독서의 순서는 양의 독서부터 시작해서, 마지막이 질의 독서가 되어야 한다.

양의 독서를 하지 않고 질의 독서를 한다는 것은, 초등학교나 중학교도 다니지 않고 대학교에 다니려고 하는 것과 같다. 절대로 대학교를 졸업할 수 없을 것이다. 양의 독서를 해야 지식의 폭을 넓힐 수 있고, 다양한 시각을 습득할 수 있고, 이렇게 성장한 후에 질의 독서를 해야 독서가 제대로 효과적일 수 있다는 사실을 잊어서는 안 된다.

세 번째는 독서의 효과 때문이다. 위대한 독서가는 전부 다독가이기 때문이다.

현대 경영학의 창시자인 피터 드러커도 다독가였고, 세계 최고의 부자인 워런 버핏도 다독가였고, 세계 최고의 발명가 토머스 에디슨도 다독가였고, 위대한 성군이었던 세종대왕도 다독가였고, 세계 최고의 기업가 중 한 명인 빌 게이츠도 다독가였고, 로마 제국의 황제이자 스토아 철학의 대표적인 인물인 마르쿠스 아우렐리우스도 다독가였고, 현대 심리학에 큰 영향을 미친 분석심리학의 창시자인 칼 융도 다독가였고, 세계 최고의 천재이자 르네상스 시대의 대표적인 인물인 레오나르도 다 빈치도 다독가였고, 제2차 세계

대전 동안 영국의 총리로 중요한 역할을 하고 노벨 문학상을 받기도 한 윈스턴 처칠도 다독가였고, 세계 최고의 물리학자인 아인슈타인도 다독가였고, 인도의 독립운동을 이끈 리더이자 비폭력 저항 운동의 상징적인 인물인 마하트마 간디도 다독가였고, 미국의 건국 아버지 중 한 명으로 정치가이자, 과학자이자, 발명가이자, 저술가로 활동했던 벤저민 프랭클린도 다독가였고, 종교 개혁을 이끈 독일의 신학자이자 종교개혁 운동의 창시자인 마틴 루터도 다독가였다.

  네 번째는 독서의 중요성 때문이다. 독서는 양과 질, 어느 것이 더 중요할까? 정답은 양과 질, 두 가지 모두 중요하다는 것이다. 그래서 양의 독서인 다독을 해야 한다. 양의 독서를 하지 않고 질의 독서만 한다면 절대로 독서로 큰 성과를 이룰 수 없다. 그래서 양의 독서는 선택이 아닌 필수이다. 양의 독서를 하다 보면 자연스럽게 질의 독서가 되는 '양질 전환의 법칙'이 독서에도 그대로 적용된다는 사실을 몸으로 직접 체험하는 사람들은 많은 양의 독서를 한 경험이 있는 사람들이다.
  비슷한 수준의 나라인 한국과 일본에서 노벨상 수상자들이 일본에만 넘쳐나고 한국에는 거의 없는 이유가 독서의 양, 독서의 두께, 독서의 수준이 일본이 압도적으로 높기 때문이라고 할 수 있다. 독서의 양은 이렇게도 중요하다. 이웃 나라 일본에는 만 권 독서했다고 하는 이들을 쉽게 찾을 수 있다. 그만큼 독서의 두께가 다르다.

다섯 번째는 독서의 권력 때문이다. 한 권의 책을 읽은 사람은 두 권 읽은 사람의 지시를 받기 때문이다. 독서량은 바로 힘이 되고, 권력이 되고, 사회적 신분을 결정하고, 경제적 수입을 좌우한다. 독서를 많이 할수록 경제적 수입이 많아지고, 사회적 신분이 높아진다는 사실을 이제는 누구나 알고 있다.

독서량의 격차가 결국 인생 수준의 격차, 성공의 격차, 수입의 격차로 이어진다. 하루에도 수백 권 이상의 책이 출간되는 지식 폭발의 시대에, 다독은 더더욱 중요하다. 슬로우 리딩도 깊이 있는 독서를 위해 중요하지만, 많은 정보가 넘쳐나는 이 시대에는 다양한 주제에 대한 지식을 빠르게 습득해야 하고, 빠르게 변하는 정보와 아이디어를 자신의 것으로 만들기 위해서는 다독이 훨씬 더 효과적인 독서 방식이다.

다독은 절대 배신하지 않는다. 하지만 다독은 절대 아무나 할 수 없다. 게으른 사람들은 절대 할 수 없다. 의지가 약한 사람들도 절대 할 수 없다. 세상에 공짜가 어디 있겠는가?

독서파만권 하필여유신

讀書破萬卷 下筆如有神

3년 만 권 독서를 했다고 하면, 사람들은 두 가지 반응을 보인다. 첫 번째는 의심부터 하는 것이다. 두 번째는 그 짓(?)을 왜 했냐고, 그것을 하면 뭐가 좋냐고 비아냥거리는 것이다.

두 번째 반응을 보이는 사람에게 이 책은 좋은 답변을 제시해 줄 것이다. 그리고 첫 번째 반응을 보이는 사람에게 말하고 싶다.

만약에 필자가 3년 만 권 독서를 하지 않았다면, 말이 안 되는 것, 이해가 안 되는 점이 생긴다는 사실이다. 그것은 바로 평범한 사람이, 어느 날 잠을 자고 일어나서 하루아침에, 배우지도 않았고 훈련도 하지 않았던, 책쓰기와 전혀 관련이 없는 백수, 무직자가 10년 이상 책만 쓴 전업 작가와 어깨를 나란히 하여 경쟁할 정도로, 책쓰기를 할 수 있는 사람으로 변신했다는 점이다.

평범한 사람이 하루아침에 작가가 되는 현상을 무엇으로 설명할 수 있을까? 평범한 사람이 지독한 노력과 열정만으로 3년 50권, 10년 100권의 책을 출간하는 작가가 된다는 것은 설명하기 힘들다.

3년 만 권 독서를 했다면 설명이 가능해진다. 만 권 독서를 하게 되면 책을 잘 쓸 수 있게 된다. 이런 사실을 친절하게 말해주는 고사성어도 존재한다. 필자도 이 고사성어를 발견하고는 전율을 느낀 바 있다. 내게 일어난 그 어떤 현상이 이미 수천 년 전에 누군가가 경험한 현상이며, 그 현상을 시공간을 초월하여 책이라는 매개체를 통해 교감할 수 있다는 사실에 말이다.

그 고사성어는 앞장에서도 말한 바 있는 바로 '독서파만권 하필여유신讀書破萬卷 下筆如有神'이다. 중국의 시성이라 불렸던 두보가 젊은 날, 만 권의 책을 읽은 후 여행을 하면서 지은 시의 일부다.

그렇다. 독자들에게 정말 하고 싶은 말이 있다. 만 권의 독서를 하면, 누구나 작가가 될 수 있다. 자기 계발 작가로, 혹은 에세이 작가로, 혹은 여행 작가로, 혹은 소설가로, 혹은 문학가로 성공할 수 있다. 내가 장담할 수 있는 이유는 만 권의 책이 가져다주는 위력 때문이다.

세계적인 방송인인 오프라 윈프리는 이런 말을 한 적이 있다. "미래가 너무 눈이 부셔서, 눈을 뜰 수 없을 정도다."라고 말이다. 책을 많이 읽게 되면 이 말의 의미를 제대로 알 수 있게 된다. 자신의 힘으로 단 한 권의 책도 집필하거나 출간할 수 없었던 평범한 사람이, 하루아침에 한 달에 다섯 권의 책을 출간할 수 있을 정도로 급성장하게 해 준 것이 바로 다독이기 때문이다.

책을 몇 권 읽었다고 해서 하루아침에 인생이 바뀌지는 않는다. 하지만 책을 몇천 권 집중적으로 읽게 되면 인생이 바뀐다.

일본의 어느 작가는 책을 전혀 읽지 않는 사람들을 '원숭이'라고 하면서 독서의 중요성을 강조한다. 우리 선조 다산 정약용도 마찬가지다. "짐승이 안 되려면, 책을 읽어야 한다."라고 강조하고 또 강조했다. 매일 독서를 하는 사람과 하지 않는 사람은 반드시 격차가 생긴다. 매일 운동을 하는 사람과 운동을 전혀 하지 않는 사람은 건강도 건강이지만 체력에서 큰 격차가 생기는 것과 같다.

제2장

두 번째 여정 -
백 권의
책을 쓰다

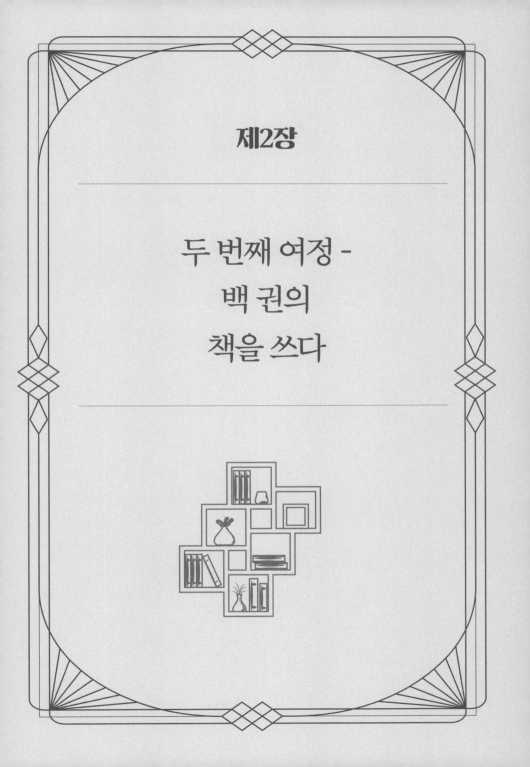

"작가가 되는 것도 마찬가지이다. 달리 필요한 게 없다! 그러나 굳이 말하자면, 경험이 필요하긴 하다. 인생 경험과 글쓰기 경험. 그 가운데 인생 경험이 없는 사람은 아무도 없다. 작가가 되기 위해 별도의 인생 경험을 할 필요는 없다. 그리고 글쓰기 경험은 종이에 낱말을 늘어놓으며 글과 씨름을 하다 보면 저절로 생긴다. 기꺼이 글을 쓰겠다는 마음으로 일단 시작해서 꾸준히 글을 쓰기만 하면 된다. 자신의 이야기를 있는 그대로 솔직히 털어놓으며, 꾸준히 시간을 바치다 보면 어느새 여러분은 작가가 되어 있을 것이다."

― 로버타 진 브라이언트, 『누구나 글을 잘 쓸 수 있다』

한 해 23권 출간 기록을 세우다

만 권 독서 이후 처음으로 한 일은 책쓰기였다. 사실 10년 동안의 직장 생활보다 10년 동안의 책쓰기가 더 신나고 행복했다. 행복했을 뿐만 아니라 더 큰 세상을 만나고 더 큰 인생을 살게 해 주었다.

그래서 다시 태어난다 해도 선택하라고 한다면, 당연히 책쓰기다. 책쓰기에 과연 어떤 비밀이 있길래 이렇게 사람을 끌어당기는 것일까?

책쓰기는 인간이 할 수 있는 행위 중에 최상위의 인생 혁명 행위다. 책쓰기를 해본 적이 있는 사람과 한 번도 해본 적이 없는 사람 사이에는 무시할 수 없는 격차가 발생한다. 이것을 필자는 '책쓰기 격차'라고 말한다.

이 책쓰기 격차는 영어로 하면 Writing Divide다. 이 말은 필자가 만든 말이다. 잉글리시 디바이드English Devide란 말이 있다. 영어 실력에 따라 출세와 소득까지도 결정되는 사회적 현상을 말한다.

부모의 경제적 격차가 결국에는 자녀 간의 영어 능력 격차를 낳는다. 그리고 그렇게 발생한 영어 격차가 다시 사회적 신분의 격차와 빈부격차를 확대하고, 재생산한다.

필자는 영어 격차보다 더 심각하고 더 강력한 효과가 나오는 것이 바로 책쓰기 격차라고 확신한다. 당신도 책쓰기를 해보면 안다.

아무리 열심히 직장을 다니고, 주어진 일을 온 힘을 다해서 해도 인생이 쉽게 바뀌지는 않는다. 하지만 책쓰기를 온 힘을 기울여서 한다면 몇 년 안에 당신의 인생은 극적으로 바뀐다.

얼마나 바뀐다는 말인가? 평범한 당신이 비범한 사람이 되고, TV나 매스컴에 출연하게 되고, 당신의 이야기가 신문에 나오고, 네이버에서 당신 이름을 검색하면 가장 먼저 당신의 얼굴이 나타나게 된다.

필자가 책쓰기 수업과 독서법 수업을 하기 직전인, 즉 작가로서 온종일 책만 쓰면 되는 그런 시간을 통해 마음껏 책을 쓸 수 있었던 마지막 해가 2013년이다. 이때 필자는 한 해 동안 23권의 책을 정식으로 출간했다. 내 이름으로 출간한 책만 23권이다. 필명이나 다른 루트로 출간한 책도 다 포함하면 더 많다.

1년 동안 23권을 출간한 작가는 많지 않다. 기네스에 연락하면 기네스북에 오르는 것도 가능할 것 같다. 기네스북에 오르고 안 오르는 것은 중요하지 않다. 중요한 것은 필자가 대충대충 살지 않았다는 것이다. 자강불식自強不息[1]하며 끊임없이 노력하고 도전했다는 것이다. 그리고 여기에는 책쓰기를 정말 좋아한다는 것도 포함된다.

하지만 이 모든 사실을 초월하는 단 한 가지 사실이 있다. 그것은 이 책 속에 나오는 모든 이야기를 가능하게 해준 것이 바로 만 권 독서라는 사실이다.

만 권 독서를 하지 않았다면, 1년 23권 출간이 아니라 1년 1권 출간도 불가능했을 것이다. 정말일까? 엄살이 아닐까? 절대 아니다. 만 권 독서 이전에는 책을 쓰겠다는 멋진 생각조차 꿈에도 해 본 적이 없는 평범한 소시민이었다.

이렇게 10년 동안 100권의 책을 저술하는 작가가 되리라는 것은 정말 상상도 할 수 없었던 기적 같은 일이다. 1년 23권의 책을 출간한 2013년은 필자의 작가 인생에서 최고의 해이다.

2013년처럼 많은 양의 책을 출간한 해는 이전에도 없었고, 앞으로도 없을 것이기 때문이다.

왜 만 권 독서를 했다고 해서 2013년 한 해 동안 23권의 책을 정

---

1) 『주역』에 나오는 말로, '스스로 힘쓰고 쉬지 않는다'는 뜻. 자신의 목표를 향해 끊임없이 노력하는 것을 의미한다.

식 출간할 수 있었을까? 그 비결은 만 권 독서를 하게 되면 지식과 정보가 엄청나게 많아지는 것이 아니라 세상을 남다르게 볼 수 있게 되는 통찰력과 시각이 달라지기 때문이다.

세상을 남다르게 볼 수 있는 통찰력과 시각이 달라지면 왜 많은 양의 책을 쓸 수 있는 것일까? 그 이유에 대해서 필자는 미켈란젤로의 이야기를 해 주고 싶다.

미켈란젤로는 거대한 대리석을 바라보고 "다윗이 걸어 나오고 있다."라고 소리쳤다. 평범한 사람들은 그냥 큰 대리석밖에 볼 수 없다. 하지만 미켈란젤로는 살아 숨 쉬는 다윗을, 대리석을 통해 바라볼 수 있었다. 그 대리석은 미켈란젤로에게는 이미 위대한 다비드 상과 다를 바 없는 것이다.

위대한 발명이나 창작은 모두 이런 식으로 이루어진다. 위대한 학자나 작가도 마찬가지다.

같은 세상을 보더라도 우둔한 사람과 현명한 사람은 다른 것을 본다. 진정한 발견은 새로운 땅을 찾는 데 있지 않고, 새로운 시각으로 바라보는 데 있다. 그것이 통찰력이다. 현대 경영학의 창시자인 피터 드러커가 창시자로 칭송받는 이유도 바로 여기에 있다.

만 권의 책을 통해 만 개의 생각과 만나게 된 사람은 생각이 바뀌고, 의식의 확장이 이루어진다. 그 순간부터 세상을 남다르게 볼 수 있다. 쉽게 말해서 세상을 좀 더 깊게, 통찰력 있게 내다볼 수 있게 된다는 말이다.

다독을 통해 의식이 확장된 사람은 스스로 존경할 줄 아는 사람이 된다. 자신의 인생을 완성하기 위해 가장 먼저 해야 할 것이 이것이다. 니체는 이런 말을 한 적이 있다.

"자신을 대단치 않은 인간이라 폄하해서는 안 된다. 그 같은 생각은 자기 행동과 사고를 옭아매려 들기 때문이다. 오히려 맨 먼저 자신을 존경하는 것부터 시작하라. 아직 아무것도 하지 않은 자신을, 아직 아무런 실적도 이루지 못한 자신을 인간으로서 존경하는 것이다. 자신을 존경하면 악한 일은 결코 행하지 않는다. 인간으로서 손가락질당할 행동 따윈 하지 않게 된다. 그렇게 자신의 삶을 변화시키고 이상에 차츰 다가가다 보면, 어느 사이엔가 타인의 본보기가 되는 인간으로 완성되어 간다. 그리고 그것은 자신의 가능성을 활짝 열어 꿈을 이루는 데 필요한 능력이 된다. 자신의 인생을 완성하기 위해 가장 먼저 스스로를 존경하라."

– 시라토리 하루히코, 『니체의 말』

그의 말처럼, 당신이 누구든 책쓰기에 도전하기 위해서는 먼저 자신을 스스로 존경할 줄 알아야 한다. 자신을 헐뜯는 사람은 절대로 책쓰기에 도전할 수 없다. 자신을 스스로 깎아내리는 부정적이고 나약한 생각은 우리의 행동과 의지를 옭아맨다. 그 결과 충분히 해낼 수 있는 일도 시작조차 하지 못하게 된다.

필자가 1년 동안 23권의 책을 쓸 수 있었던 것은 책쓰기에 과감하게 도전하고, 실천했기 때문이다. 우리는 이 말을 명심해야 한다.

"모든 것의 시작은 위험하다. 그러나 무엇을 막론하고, 시작하지 않으면 아무것도 시작되지 않는다."

프리드리히 니체의 이 말처럼, 시작하지 않으면 그 어떤 것도 될 수 없다는 사실을 명심하자. 인류 역사상 위대한 성취는 무엇을 막론하고, 시작하지 않았다면 그 어떤 것도, 아무것도 이루어지지 않는다는 사실을 말이다.

"우리에게 뭔가 시도할 용기가 없다면 삶이 도대체 무슨 의미가 있다는 말인가?"

중년에 안정적인 직장을 과감하게 포기하고 화가의 인생을 용기 있게 시작한 화가도 있고, 세상이 요구하는 삶을 과감하게 거부하고 살아간 화가도 있다. 바로 빈센트 반 고흐이다. 위의 그의 말처럼 당신이 뭔가 시도할 용기를 가지고 있지 않다면 당신에게 삶은 아무 의미가 없게 될지도 모를 일이다.

시도하고 도전할 용기조차 없다면 아무것도 이루어지지 않는다. 아무것도 기대할 수 없는 인생에 그 어떤 의미를 당신은 스스로 부여할 수 있을 것인가? 필자는 다행히 도전할 용기를 내어 도전했다. 물론 실패도 많았다. 하지만 실패는 성공의 또 다른 이름이며, 성공해 나가는 과정에 반드시 존재하는 과도기적 필수 단계이다.

필자가 실패에 대한 두려움을 극복하지 못했다면 절대 시작도 할 수 없었을 것이다. 시작한다는 것은 무엇을 막론하고 위험하지만, 실패의 위험을 무릅쓰고 도전하는 자만이 눈부신 인생을 만나게 될 수 있다. 우리가 살고 있는 이 세상에는 정말 공짜가 하나도 없다. 너무 값이 저렴하거나 공짜인 것은 거의 다 사기라고 생각하면 십중팔구 맞을 것이다.

위대한 도전을 통해 눈부신 인생을 살아가고 있는 작가가 있다. 바로 조앤 롤링이다. 그녀는 대학 졸업 후 다양한 직업을 전전했지만, 큰 만족을 얻지 못했다. 결혼 생활도 순탄치 않았다. 결국 이혼하게 되고, 혼자 어린 딸을 키우며 사회적 지원을 받아야 하는 처지가 되기도 한다. 사는 것이 힘들고 어려워 우울증에도 걸린다. 하지만 그녀는 뭔가 시도할 용기를 가지고 있었다.

어린 딸을 키워야 해서, 딸을 재운 후 카페에서 글을 쓰기 시작했다. 첫 번째 해리 포터 시리즈인 『해리 포터와 마법사의 돌』을 완성하는 데 몇 년 이상이 걸렸지만, 포기하지 않았다.

첫 번째 책을 완성한 후 여러 출판사에 원고 투고를 했지만, 연속해서 많은 출판사로부터 연이어 거절당했다. 거절당한 이유 중에 가장 큰 이유가 바로 이것이었다.

"조앤, 돈을 벌려면, 아이들이나 읽을 책은 쓰지 마세요."

저작권 대리인 배리 커닝엄의 말이지만, 모든 출판사 편집자의 생각이기도 했을 것이다. 하지만 롤링은 포기하지 않았고, 계속해서 출판사를 찾아 나섰다. 마침내 블룸즈버리 출판사Bloomsbury Publishing로부터 출간 제의가 들어왔고, 그녀는 드디어 첫 번째 해리 포터 시리즈 책을 출간하게 되었다. 1997년 『해리 포터와 마법사의 돌』이 출간되었고, 이는 곧 엄청난 성공과 인기로 이어졌다.

그녀의 첫 번째 책은 전 세계적으로 수백만 부가 판매되었다. 롤링은 단기간에 세계적인 베스트셀러 작가로 자리매김했으며, 해리 포터 시리즈는 영화, 게임, 테마파크 등으로 확장되어 막대한 문화적, 경제적 영향을 주는 책으로 도약하게 되었다. 롤링은 이 성공으로 인해 세계에서 가장 부유한 여성 작가 중 한 명이 되었고, 눈부신 인생을 살아가게 되었다. 그녀가 만약에 책쓰기에 도전하지 않았다면, 어떻게 되었을까?

매년 10권 이상 집필을 이어가다

베스트셀러 작가가 되어 방송에 나가고, 저자 강연회도 하는 자신의 모습을 상상만 해도 가슴이 뛰고 벅찰 것이다. 김병완칼리지의 책쓰기 수업에 참여하는 수강생 중에는 베스트셀러 작가가 된 사람들이 많다. 오히려 베스트셀러 작가가 안 되는 것이 더 힘들 정도다. 앞뒤로 모두 베스트셀러 작가이거나 최소한 한두 권의 책을 출간한 작가들이 수두룩하다.

이처럼 한두 번 베스트셀러 도서를 출간하는 작가들은 많이 있다. 하지만 10년 동안 연속해서 베스트셀러 도서가 끊임없이 출간되는 작가는 찾아보기 힘들다. 단순히 책쓰기에 대해 열정이 있다고 해서 가능한 일이 아니기 때문이다.

책쓰기 실력이 아무리 뛰어나도 쉽지 않은 일이다. 특히 한두 권의 성공을 통해 쉽게 자만하거나 안주하는 성격을 가진 사람들은 더더욱 하기 힘든 일이다. 어제까지의 성공을 전혀 되돌아보지 않고, 오늘 다시 뛸 수 있는 사람만이 가능한 일이다. 성공에 조금도 취하지 않을 수 있어야 한다. 날마다 자신을 새롭게 해야 한다.

조금이라도 안주하는 사람은 걷잡을 수 없다. 회사를 운영하거나 사업을 하는 사람은 성공 후에 휴식을 취하고 자축을 해도 되지만, 책을 쓰는 작가는 그렇게 할 수 없다. 그렇게 하면 안주하는 마음, 자만하는 마음이 몇 개월 혹은 몇 년을 가게 된다.

세상은 넓고, 사람은 많고, 지식과 통찰력은 무궁하다. 아무리 하찮은 책이라도 내가 모르는 지식과 통찰력이 담겨 있을지도 모른다는 점을 한시도 잊어서는 안 된다. 자신의 지식과 통찰력이 최고라고 자만해서는 안 된다. 늘 부족함을 인식하고 책을 읽고 또 읽어야 한다. 세상을 살되 한 권이라도 더 읽어야 한다.

독자들도 이제 바꿔야 한다. 책을 읽기만 하는 위치에서 책을 쓰는 위치로 바꾸고, 수용하는 위치에서 나누는 위치로 바꾸어야 한다. 우리가 사는 세상은 좁은 우물 안이 아니다. 그래서는 안 된다. 넓은 세상이어야 한다. 더 큰 세상이어야 한다.

자신이 최고라고 자만하는 사람은 어제와 별반 다를 바 없는 오늘을 살고, 여전히 우물 안에서 살게 된다. 하지만 자만하지 않고,

부족함을 늘 깨닫는 사람은 산을 넘고, 물을 건너, 바다를 건너 더 큰 세상과 만나기 위해 노력한다. 그래서 한 번도 가 보지 못한 경지에까지 오르기 위해 수천 권의 책을 읽고, 수백 권의 책을 쓰는 것이다.

　당신도 가능하다. 단 차근차근 하나씩 해야 한다. 읽고 또 읽어야 한다. 그리고 읽었다면 이제 쓰고 또 써야 한다. 필자는 재주가 뛰어나서 이렇게 한 것이 아니다. 백천지공百千之功[2]의 정신으로 읽고 또 읽었고, 남들보다 더 많이 읽었다. 그것도 열 배에서 백 배 정도로 많이 읽었다. 그리고 남들보다 더 많이 쓰고 또 썼다. 그것도 열 배에서 백 배 정도로 더 많이 그렇게 했다.

　결국 재능의 문제가 아니라, 노력의 문제였다. 그리고 결국 실력의 문제가 아니라, 꾸준함의 문제였다. 아무리 재능이 뛰어나고 실력이 있어도, 10년 동안 지속해서 매년 베스트셀러 도서를 출간하기 위해서는 노력과 끈기, 꾸준함, 즉 그릿이 추가로 필요하다. 10년 동안 매년 베스트셀러 도서를 출간한 것보다 더 중요한 것은 매년 책을 쓴다는 것이다. 매년 연속해서, 멈추지 않고 꾸준히 책을 쓴다는 것이 성공 비결이기 때문이다. 필자는 평균 10권 이상의 책을 매년 10년 동안 출간했다. 이런 사실이 베스트셀러 도서를 매년

---

2)　『중용』에 나오는 말로, '남이 한 번에 그 일을 잘하거든 나는 백 번을 하고, 남이 열 번에 그 일을 잘하거든 나는 천 번을 하면 된다.'라는 의미다.

출간했다는 사실보다 더 중요하다.

책쓰기는 그런 노력과 끈기, 꾸준함과 그릿의 문제이지만, 여기에 한 가지가 더 있다. 바로 절박함이다. 절박함이 없는 사람은 지속해서 책을 쓸 그 어떤 이유도, 동기부여도 있을 수 없다. 그래서 절박함은 또 다른 하나의 그릿이 될 수 있다. 셰익스피어처럼 말이다.

셰익스피어가 글을 쓴 것은 생활고로 허덕이던 최악의 상황에서 돌파구를 찾고자 했기 때문이라는 사실을 아는가? 영국 런던의 극작가이자 배우였던 그는 생계 유지와 가족 부양을 위해 지속해서 작품을 창작해야 했다.

자기 자신에게 '글을 쓸 능력이 있을까?'에 대한 의문을 던지는 것조차 사치일 수 있는 그런 최악의 상황에서, 그는 글을 쓰고 살아남아야만 했다. 그러한 절박함 속에서 인류 역사상 가장 위대한 작가 중의 한 명이 탄생하게 되었다.

기억하라. "천재는 재능이 아니라 절망적인 처지 속에서 만들어지는 돌파구이다."라고 한 장 폴 사르트르의 말을 말이다.

책쓰기와 관련해서 필자가 독자들에게 하고 싶은 말이 또 하나 있다. 그것은 바로 책쓰기에 대한 쓸데없는 거창함과 망상을 버리라는 것이다. 많은 이들이 책쓰기를 너무 거대하고 거창한 것으로 오해한다. 이런 오해를 할수록 책쓰기에 도전하는 것이 힘들고 어려워진다.

책쓰기는 절대 거창한 것이 아니다. 책쓰기는 그저 한 줄의 단어를 펼쳐놓는 것으로 시작될 뿐이다. 퓰리처상을 수상한 작가인 애니 딜러드는 자신의 저서인 『창조적 글쓰기』를 통해 글쓰기에 대한 거창함을 완전하게 사라지게 만드는 말을 다음과 같이 했다.

> "글쓰기는 한 줄의 단어를 펼쳐놓는 것으로 시작된다. 그 줄은 광부의 곡괭이이고 목각사의 끌이며 의사의 탐침이다. 글쓰는 이가 휘두르는 대로 그 줄은 그에게 길을 파서 내준다. 그 길을 따라가다 보면 새로운 땅에 깊숙이 들어가게 된다."
>
> – 애니 딜러드, 『창조적 글쓰기』

그렇다. 책쓰기는 한 줄의 단어로 시작해서, 독자의 마음속에서 용기와 자극으로 마무리된다.

자기 계발 1위 작가가 되어보니

2013년이 필자에게 작가로서 잊을 수 없었던 다작의 해라면, 2017년은 필자에게 잊을 수 없는 또 다른 해이다. 필자의 책이 독자들에게 가장 많은 사랑을 받은 해이기 때문이다. 그 책이 바로 『1시간에 1권 퀀텀독서법』이다.

이 책은 예스24, 교보문고, 알라딘 등 주요 온·오프라인 서점에서 종합 베스트셀러 5위, 자기 계발 1위를 당당히 차지했다. 특히 예스24와 교보문고에서 자기 계발 1위를 한두 달 이상 유지했다. 출간 이후 몇 년이 지나도 여전히 베스트셀러를 유지할 정도로 그 여파는 상당했다.

교보문고에 가 보면 베스트셀러를 전시하는 공간이 있다. 자신의 책이 당당히 1위에 올라 전시되어 있는 모습을 보는 순간 어떤 생각이 들까?

기분이 참 좋다. 뿌듯하다. 많은 분이 인정해 주고, 읽어 준다는 이야기다. 작가로서 이것보다 더 기분 좋은 일이 또 어디 있을까? 어쨌든 2017년에 한 권의 책이 자기 계발 분야 1위를 하게 되자 많은 것들이 달라졌다.

먼저 '자기 계발 1위 작가'라는 말을 사용할 수 있게 되어서 좋았다. 그냥 베스트셀러 작가라고 하는 사람들은 수도 없이 많지만, 자기 계발 1위 작가라고 당당하게 말할 수 있는 자격을 획득한 사람은 많지 않다. 그만큼 이루기 힘든 성과이기 때문이다.

두 번째로 3년 만 권 독서에 대해 비아냥거리는 사람들에게 말할 수 있게 되었다. "만 권 독서를 하지 않았다면 실력도 없고, 인정도 받지 못하는 삼류 작가나 무명작가에 머물러야 했을 것이다. 하지만 만 권 독서의 위력은 이것이다."라고 말이다.

세 번째로 작가라는 직업을 가진 이들이 가장 희망하는 것이 자기 분야에서 1위를 해보는 것인데, 필자는 그것을 해냈다. 더 이상 작가로서 미련이 없어졌다. 다 이루었기 때문이다. 하지만 이것이 전부가 아니었다.

자기 계발 1위를 하면 일단 세상이 주목하고, 많은 여론이 형성된다. 세상에 누구나 다 좋아하는 책은 존재하지 않는다. 그 어떤 정치인도, 그 어떤 연예인도, 그 어떤 가수도 안티가 존재한다. 그것이 세상이기 때문이다.

자기 계발 1위를 하면 엄청난 시기와 질투, 견제와 비난을 받게 된다. 하지만 그 왕관의 무게는 아무것도 아니었다. 자기 계발 1위를 통해 책쓰기 수업과 독서법 수업이 너무나 잘 되었기 때문이다.

특히 독서법 수업의 성과가 책쓰기 수업을 앞질렀다. 이것은 정말 꿈에도 상상도 못한 일이다. 하지만 많아지면 달라진다. 독서법 수강생이 전국에서 물밀듯 몰려들자 기적이 일어난 것이다.

작가가 되었다면, 정말 자기 계발 1위를 꼭 한번은 해보라고 말하고 싶다. 1위를 하는 것과 2위를 하는 것은 엄청난 차이가 있다.

자기 계발 1위를 하면 가장 좋은 것이 무엇일까? 그것은 저절로 홍보가 된다는 점이다. 신문이나 뉴스에 자주 언급이 되고 자연스럽게 노출된다. 그래서 홍보 마케팅 효과가 엄청나게 일어난다. 그래서 자기 계발 1위를 꼭 해야 한다.

『1시간에 1권 퀀텀독서법』이 자기 계발 1위, 종합 베스트셀러 5위를 한 이유는 무엇일까? 그것은 이론에 치우친 자기 계발서가 아니기 때문이다. 확실한 콘텐츠와 독자들에게 높은 신뢰감을 줄 수 있는 5년 동안의 수업이 검증 기간이 되어 주었고, 실제로 5년 동안 수업을 진행해 왔다는 사실이 가장 큰 경쟁력이 되어 주었다.

필자가 이렇게 할 수 있었던 것은 망설이지 않고 책을 쓰면서 진격하고 또 진격했기 때문이다. 필자가 써낸 100권의 책이 모두 베스트셀러가 된 것은 절대 아니다. 더욱이 자기 계발 1위를 한 책은 겨우 1%인 단 한 권에 불과하다. 하지만 다른 책들을 쓰지 않았다면, 이 책도 역시 쓸 용기를 내지 못했을 것이다. 결국 필자가 집필한 책 100권 모두가 서로 영향을 주고, 필자를 성장시키고 발전시켰다고 해도 과언이 아닐 것이다.

우리들 삶은 늘 작은 도전들이 모여서 큰 성과를 창출하게 된다. 누구나 그렇다. 처음부터 거창한 목표를 쉽게 달성하는 사람은 없다. 인류 역사상 위대한 거장들도 마찬가지다. 오랫동안 노력한 덕분에 최고의 작품을 남길 수 있는 사람으로 도약한다.

둑을 무너뜨리는 것은 작은 실금이다. 지붕을 가라앉히는 것은 깃털 같은 작은 눈송이가 모이고 모여서 그렇게 되는 것이다. 작은 실패가 모여서 결국 큰 성공이 된다는 사실을 필자는 확실하게 알고 있다. 온몸으로 경험했기 때문이다.

세계적인 베스트셀러 작가인 세스 고딘의 명저 『린치핀』을 보면 이런 사실을 잘 알 수 있다. 이 책에서 가장 중요한 하나의 문장을 뽑아내라고 한다면 단연코 이 문장이다.

"어떤 일을 마무리했다고 그것이 곧 걸작이 되는 건 아니다. 하지만 모든 걸작은 마무리가 완벽하다. 나는 책을 100권 이상 만들어 냈다. 물론 모든 책이 잘 나가지는 않았다. 하지만 그 책들을 쓰지 않았다면 나는 이 책을 쓸 기회를 갖지 못했을 것이다. 피카소는 1,000점 이상의 그림을 그렸다. 그러기에 사람들은 피카소의 그림을 3개 이상 알고 있다."

- 세스 고딘, 『린치핀』

실패한 책들을 쓰지 않았다면 이 책을 쓸 기회조차 얻지 못했을 것이라고 세스 고딘은 말하고 있다. 세계적인 경영 대가이자 베스트셀러 작가가 말이다. 그렇다면 필자처럼 평범한 사람은 얼마나 많은 실패를 해야 할까? 분명한 사실은 이것이다. 실패를 많이 하지 않고, 그 어떤 사람도 성공한 적이 없다는 것이다.

로또 1등에 당첨된 사람은 성공한 사람들이 아니다. 그들은 진정한 성공이 무엇인지 모른다. 어느 날 갑자기 잠을 자고 아침에 일어나 보니 100억 부자가 되어 있다고 해도, 그들은 진정한 성공이 무엇인지 모른다. 그저 운이 좋아서 한순간 100억 부자가 된 졸부에 불과하다.

그들은 쉽게 가난해지거나, 감옥에 가거나, 패가망신한다. 하지만 수많은 실패를 경험하면서 차근차근 자신의 노력과 도전과 실천으로 한 계단씩 올라간 사람은 절대 쉽게 가난해지거나 패가망신하지 않는다. 로또 1등에게는 없는 내공과 경험이 있기 때문이다.

심리학자이자 컬럼비아 대학교 교수인 캐롤 드웩은 비범한 천재가 되어 탁월한 성과를 올리는 사람들과 그렇게 하지 못하는 사람의 차이를 자신의 저서인『성공의 새로운 심리학』을 통해 말한 바 있다. 그 차이는 바로 성과를 올리는 사람들의 마음속에는 그렇지 못한 사람들의 마음속에 없는 그 무엇인가가 들어 있다는 것이다.

그것이 무엇일까? 바로 유명한 '성장 마인드세트Growth Mindset'다. 이와 반대되는 개념이 '고착 마인드세트Fixed Mindset'이다.

'고착 마인드세트'는 자신의 재능이 이미 돌에 새긴 듯 정해져 있다고 생각하는 것이다. 이런 사람들은 지금보다 훨씬 더 향상된 자기 모습을 결코 꿈도 꾸지 않는다. 자신은 절대 향상되지 않을 것이라는 백해무익한 신념을 가지고 있다.

'성장 마인드세트'를 가진 사람들은 다르다. 자신의 노력으로 얼마든지 계속해서 향상될 수 있다는 확고한 믿음을 가지고 있다. 필자도 다르지 않다. 필자가 가장 좋아하는 사자성어는 앞에서도 말한 바 있는 백천지공百千之功이다. 지금의 필자를 만든 것은 바로 백천지공 정신이다.

남들보다 열 배 더 하면 되는 것이다. 세상에 우리가 알고 있는 위대한 천재들은 모두 노력을 통해 만들어진 후천적 천재들이다. 피카소가 그렇고, 모차르트가 그렇고, 스트라빈스키가 그렇고, 그레이엄이 그렇고, 프로이트가 그렇고, 아인슈타인이 그렇고, 레오나르도 다 빈치가 그렇다.

천재는 태어나는 것이 아니라 만들어진다. 그 과정에서 필요한 것은 남들보다 열 배, 백 배 더 노력하고 연습하고 훈련하는 것이다. 1년에 수십 권의 책을 출간하다 보면 그중의 하나가 자기 계발 1위를 한다는 것은 그렇게 이상한 일이 아니다.

진짜 작가의 모습은 어떤 모습일까? 이것을 필자는 소설 『홍당무』의 작가인 프랑스 소설가 쥘 르나르가 한 말에서 힌트를 얻을 수 있었다.

"강한 자는 망설이지 않는다. 굳건히 자리를 잡고, 땀을 흘리며, 끝을 향해 나아간다. 잉크를 다 써서 없애고, 종이를 모두 써버린다."

진짜 작가는 이런 사람이다. 조금도 망설이지 않고 굳건히 자리를 잡고 땀을 흘리며 끝을 향해 나아가는 사람이며, 잉크를 다 써서 없애고 종이도 모두 써버리는 사람이다. 그뿐만 아니라 작가는 자신과 자신의 인생을 숨김없이 드러내는 사람이다. 자신의 인생을 드러낸다는 것은 독자들 앞에서 잘난 척하는 것이 아니라, 자신도 독자들과 같은, 실수하고 넘어지고 화를 내고 웃고 울 수 있는 그런 사람, 즉 한 인간임을 드러내 보여주고, 인정하는 것을 말한다. 가면이나 위선을 벗고, 자신의 아픔이나 상처, 실수나 실패, 부족하고 숨기고 싶은 것까지도 세상에 드러낼 수 있으려면 진심으로 독자에게 다가설 수 있는 용기가 필요하다.

> "작가는 다른 사람들에게 지식을 나누어 주기 위해 글을 쓰는 사람이 아니다. 그보다는 작가는 자신이 누구인지 밝히기 위해 글을 쓴다."
>
> – 나탈리 골드버그, 『뼛속까지 내려가서 써라』

그렇다. 진정한 작가의 모습은 이런 것이다. 작가는 자신이 누구인지 밝히기 위해 글을 쓰는 사람이다. 다른 사람들에게 지식을 나누어 주기 위해 글을 쓰는 사람은 학자나 교수에 가까울 것이다. 다른 사람에게 자신이 누구인지 이야기하는 사람이 작가에 더 가깝다.

그렇다면, 훌륭한 작가는 어떤 사람일까? 주저리주저리 말로 설명하는 작가보다는 말하지 않고 그대로 보여주고, 느끼게 해 주고, 생각하게 해 주는 작가가 훌륭한 작가라고 할 수 있다. 이런 조언을 하는 작가가 있다. 바로 나탈리 골드버그다.

> "글쓰기에 관련된, 오래된 속담이 하나 있다. '말하지 말고 보여주라.'라는 말이다. 무슨 뜻인가? 이것은 이를테면 분노라는 단어를 사용하지 않고서, 무엇이 당신을 분노하게 만드는

지 보여주라는 뜻이다. 당신 글을 읽은 사람이 분노를 느끼게 하는 글을 쓰라는 뜻이다. 다시 말해 독자들에게 당신의 감정을 강요하지 말고, 상황 속에서 생생하게 살아 있는 감정의 모습을 그냥 보여주라는 말이다."

- 나탈리 골드버그, 『뼛속까지 내려가서 써라』

『1시간에 1권 퀀텀독서법』이란 책이 자기 계발 1위를 할 수 있었던 원인 중의 하나가 바로 이것이다. 퀀텀독서법 책은 독서의 기술을 주저리주저리 설명하고 말하는 것보다 오히려 퀀텀독서법 수업에 참여한 이들이 단 3주 만에 독서 천재로 도약하는 과정과 그 성과를 보여주는 책이기 때문에 1등을 할 수 있었으리라 생각한다.

10년 연속 베스트셀러 출간

필자가 자기 계발 1위를 할 수 있었던 단 한 가지 비결은 마부작침磨斧作針이다. 도끼를 갈아서 바늘을 만들 수 있었기 때문이다. 즉 끈기와 '그릿'이라는 신조어로 설명이 가능할 것 같다.

남들은 책 몇 권 출간하고 멈춘다. 혹은 평생 몇 권을 출간하고 만다. 하지만 필자는 지치지 않고, 멈추지 않고, 출간하고 또 출간했다. 그것이 끈기이며 그릿이다. 자기 계발 1위 작가가 된 것도 좋은 일이지만, 더 중요하고 더 의미 있는 성과는 따로 있다. 그것은 바로 10년 연속 꾸준히 베스트셀러를 출간해 왔다는 점이다.

우리가 알아야 할 세상의 이치 중의 하나가 '양질 전환의 법칙'이다. 모든 천재가 이 법칙을 통해 천재로 도약했고, 최고의 작품이 만들어졌다. 그 비결은 양에서 질이 나온다는 것이다.

10년 연속 계속해서 분야별 베스트셀러 도서를 꾸준히 출간한다는 것은 실력이나 재주만 있다고 가능한 것은 아니다. 오히려 어떤 분야에서 1등을 한두 번 하는 것보다 이것이 더 하기 힘든 것인지도 모른다.

자기 계발 1위가 되어 듣게 되는 '자기 계발 1위 베스트셀러 작가'라는 말보다 더 자랑스러운 말이 바로 '10년 연속 베스트셀러 도서 출간 작가'라는 말이다.

그렇다. 이 말이 더 자랑스럽고, 뿌듯하고, 자부심을 느낀다. 10년 연속 멈추지 않고 계속해서 책을 출간했다는 말이기 때문이다. 한두 번의 성공에 자만하지도 않고, 안주하지도 않았다는 증거이기 때문이다. 자신의 부족함을 알기에 끊임없이 멈추지 않고 자강불식하며 살고 있다는 말의 근거이기 때문이다.

한 마디로 열심히 살았다는 증거이며, 자만하거나 안주하지 않았다는 말의 다른 표현이기에 이 말이 더 기쁘고 자랑스러운 것이다.

『천재는 이렇게 만들어진다』[3]라는 책을 읽어 보면, 참 많은 것을 배울 수 있다. 그중 하나는 『몽테크리스토 백작』이란 책의 저자인 프랑스의 듀마, 셰익스피어, 바이런, 단테, 괴테, 스콧 등의 천재들

---

3) 『천재는 이렇게 만들어진다』, 유아·영재교육연구회/영·유아능력개발연구원 공편, 동천사, 2003.8.15

에게는 하나의 공통점이 있다는 것이다.

그것은 필자도 가지고 있는 특징이다. 바로 많은 양의 작품을 누구보다 빨리 쓸 수 있는 다작가라는 특징이다. 이런 특징 덕분에 이들은 남들보다 열 배 혹은 백 배 이상의 작품을 창작할 수 있었다. 그리고 그 과정을 통해 자연스럽게 다작가가 될 수 있었는데, 다작가라는 말은 다른 말로 천재로 도약하기 위한 필수 조건이라고 말할 수 있다.

'호러의 제왕' 혹은 '20세기 최고의 이야기꾼'이라고 불리는 스티븐 킹도 다작가이다. 이들뿐만 아니라 피카소, 모차르트, 프로이트, 레오나르도 다 빈치 등 우리가 알고 있는 대부분의 천재가 모두 다작가다.

이것이 의미하는 것은 간단하다. 이들이 엄청난 속도로 엄청난 양의 작품을 만들지 않았다면 이들의 실력은 그만큼 향상되지 않았을 것이다. 즉, 하면 할수록 우리의 사고력이 향상되고, 실력 또한 향상되는 것이다.

필자도 이런 법칙에서 예외는 아니다. 책을 쓸수록 책을 쓰는 실력이 향상된다. 그 결과 첫 번째 책보다는 백 번째 책이 더 수준이 높아지고, 초창기 때 쓴 책보다는 최근에 쓴 책이 훨씬 더 낫다. 그래서 필자를 평가하고 싶은 분들은 제발 초창기 때 책이 아닌 최근의 책을 읽고 평가해 주기 바란다.

필자가 자신있게 추천하는 책 중의 하나는 『공부에 미친 사람들』

이다. 이 책은 필자가 쓴 100권의 책 중에서 가장 평점이 높은 책이다. 하지만 또 다른 한 권을 추천해 달라고 한다면, 진짜 천재들에 관한 진짜 연구 결과를 한 권에 담은 『당신을 천재로 만드는 1% 법칙』이다. 이 책을 읽으면 천재가 진짜 만들어진다는 사실을 확실하게 알 수 있다.

모차르트, 피카소, 레오나르도 다 빈치 등이 타고난 신동이 아니라 후천적 천재라는 사실을 알고 싶은 독자들은 이 책을 꼭 읽어보기 바란다. 두뇌 혁명과 뇌 과학에 대해 궁금한 독자들은 『브레인 이노베이션』이란 책을 읽어 보면 좋다.

'10년 100권 출간 작가'가 되다

2013년에 출간한 23권을 포함해서 2015년에 '3년 50권 출간'이라는 말을, 그 후 2017년 이후부터는 '5년 80권 출간'이라는 말을 많이 했다. 따지고 보면 책을 쓰기 시작한 지 이제 10년이 조금 넘는데, 필자가 직접 쓴 책들, 그래서 출간까지 이어진 책들이 지금까지 100권은 족히 넘는다.

출간에도 역시 부익부 빈익빈의 현상이 그대로 나타난다. 처음 한 권을 출간할 때는 몇 년이 걸린 것 같다. 실제로 그랬다. 하지만 그다음 책은 조금 더 적은 시간이 걸렸고, 그다음 책은 훨씬 더 쉽게 출간이 되었다. 독서에 임계점이 있듯이 책쓰기에도 임계점이 있는 것이다.

2022년 크리스마스 저녁 혼자 조용히 집에서 초서를 하고 있었는데, 갑자기 이런 재미있는 질문이 떠올랐다.

'대한민국에서 자기 계발 분야 베스트셀러 도서를 가장 많이 출간한 작가 TOP 5는 누구일까?'

베스트셀러 도서를 한두 권 출간한다는 것도 정말 놀라운 일이다. 그런데 한국 사회에서 베스트셀러 도서를 가장 많이 출간한 작가는 과연 누구일까? 소설 분야라고 한다면 아마도 조정래 작가, 김훈 작가, 신경숙 작가, 김영하 작가, 이외수 작가와 같은 분들이 TOP 5에 들 것 같다. 자기 계발 분야에서는 누구일까? 일단 자기 계발 분야 작가라고 하면 떠오르는 작가는 김미경 작가, 고도원 작가, 김창옥 작가, 이기주 작가, 김난도 작가 등이다. 궁금증이 증폭되어 결국 찾아보기로 했다.

베스트셀러 도서 기준을 예스24에서 2022년 12월 25일 기준으로 분야별 베스트셀러 도서가 된 책으로 정했다. 공저나 번역은 제외했다. 공저를 제외한 이유는 혼자의 힘으로 책 한 권을 쓰는 것과 여러 명이 협동해서 책 한 권을 쓰는 것은 다르기 때문이다. 성인 대상의 책만 기준으로 삼고, 아동 도서 혹은 청소년이나 어린이를 대상으로 한 책은 제외했다.

그렇다면, 이제 대한민국에서 베스트셀러 도서를 가장 많이 배출한 작가 TOP 5를 소개하겠다. 물론 소설 분야가 아님을 기억해야 할 것이다.

먼저 TOP 5는 이지성 작가다. 그는 대략 30권에서 35권 이상의 베스트셀러 도서를 혼자 힘으로 출간했다. TOP 4는 한근태 작가와 조관일 작가다. 이 두 분은 비슷하게 대략 35권에서 40권 이상의 베스트셀러 도서를 출간했다. TOP 3는 이시형 박사다. 대략 40권에서 45권 이상의 베스트셀러 도서를 출간했다.

TOP 2는 바로 필자다. 대략 50권에서 60권 이상의 베스트셀러 도서를 출간했다. TOP 1은 공병호 박사다. 정말 존경스러운 분이다. 그는 대략 60권 이상의 베스트셀러 도서를 혼자의 힘으로 출간했다.

크리스마스 저녁 혼자 집에서 검색해본 결과이기 때문에 신뢰성이 높다고는 할 수 없지만, 대략적으로는 참조할 수 있는 수준일 것이다. 물론 이 순위에 들지 않은 작가 중에서도 TOP 5에 들 수 있는 작가들은 많이 있다. 왜냐하면 세상은 넓고, 고수들은 많기 때문이다. 이 순위는 제한된 정보와 짧은 시간 안에 개인이 심심해서 조사한 결과라는 점을 명심해 주기 바란다.

평생 집필을 통해 수백 권 이상의 책을 출간한 작가들은 적지 않다. 하지만 10년이라는 기간 내에 100권을 출간한 작가는 좀처럼 찾기 힘들다.

제3장

세 번째 여정 -
8백 명의 작가를
배출하다

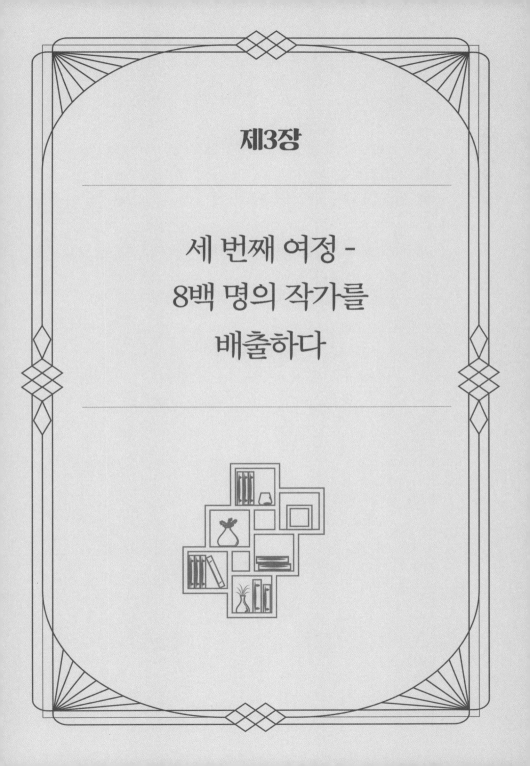

"사람은 쓰기를 통해 어제 살았던 인생보다 더 강한 인생을 만들어 나갈 수 있다. 글쓰기를 통해 참담한 현실을 극복하고 위대한 삶을 살았던 사람들은 한두 명이 아니다. 장애 삼중고로 비참한 현실과 싸워야 했던 헬렌 켈러 여사도 그렇고, 흑인 여성 지도자 마야 엔젤루도 그렇다. 그들의 인생을 바꾼 것은 글쓰기였다. 유배지로 내려간 다산 정약용을 일으켜 세운 것은 글쓰기였다. 하루아침에 사형수 처지가 되어 사랑하는 가족과 부와 명예를 모두 잃어버리고 단 하나의 희망조차 품을 수 없었던 보에티우스를 강하게 해준 것 역시 글쓰기였다.

전문가가 책을 쓰는 것이 아니다. 책을 쓰면 전문가가 되는 것이다. 성공한 사람이 책을 쓰는 것이 아니다. 책을 쓰면 성공한 사람이 되는 것이다. 자신을 넘어선 사람이 책을 쓰는 것이 아니다. 책을 쓰는 사람이 자신을 넘어서는 것이다."

― 김병완, 『김병완의 책쓰기 혁명』

부산에서 책쓰기 수업
1기를 시작하다

정말 생각도 하지 못했다. 책쓰기 수업이라고? 상상도 하지 못했지만, 책쓰기 수업이 시작되었다.

과거에 필자는 틀에 박힌 생각만 하는, 재미없고 고루한 직장인에 불과했다. 하지만 3년 동안 도서관에서 다양한 책을 읽으면서 그런 틀에 박힌 생각이 많이 사라지고, 유연한 생각을 점차 하게 되었다. 그 덕분에 필자는 2013년 겨울 책쓰기 수업을 생애 최초로 시작할 수 있었다.

필자에게 든 새로운 생각은 이런 것이었다.

'누구나 작가가 될 수 있다. 나처럼 평범한 사람도 책을 쓸 수 있고, 책을 쓰는 것이 선택이 아니라 이제는 필수다. 사람이 태어나서 자라면 자연스럽게 학교에 다니는 것처럼, 책을 쓰는 것은 이제 당연한 일이다.'

이런 생각이 들자 용기가 생겼다. 바로 실천하게 된 것이다. 그 당시 유행했던 것은 페이스북이었다. 페이스북에 다음과 같은 글을 올렸는데, 이것이 김병완칼리지의 시작이 되었다.

"누구나 할 수 있다. 책쓰기는 똑똑한 사람, 성공한 사람, 지식 있는 사람만 하는 것이 아니라, 평범한 사람이 하는 것이다. 당신도 책을 쓸 수 있다. 나도 했다. 그러므로 당신도 해야 한다. 책을 쓰고자 하는 분들은 오라."

이 글을 통해, 정말 놀랍게도 연락이 왔다. 너무 놀랐다. 부산에 살고 있는 분과 울산에 살고 있는 분, 그리고 서울에 살고 있는 분, 이렇게 세 분에게서 연락이 왔다. 물론 그 이후로도 계속 연락이 왔고, 덕분에 책쓰기 수업은 1기를 시작으로 계속해서 10년 이상 할 수 있게 되었다.

가슴 떨리는 첫 수업 날이 되었다. 생애 최초로 도전하는 책쓰기 수업이었다. 얼마나 가슴이 떨렸을까? 하지만 담담하게 나아갔다. 책쓰기 수업 1기는 부산 서면의 장소를 대여하는 공간에서, 부산에 사시는 분과 울산에 사시는 분 등 2명으로 시작했다. 수강생들의 나이대는 20대 후반과 30대 초반으로 젊었다. 젊은 두 수강생을 대상으로 책쓰기 수업 1기가 운영된 것이다.

책쓰기 코치도 초보였고, 수강생도 초보였다. 하지만 코칭이 초보였지 책을 쓰는 경험과 노하우, 책쓰기 내공은 초보가 아니었다. 이미 수십 권 이상의 책을 출간했기 때문이다. 8주 과정으로 진행된 이 수업을 통해, 다행히 두 분 다 원고 투고를 8주 만에 할 수 있게 되었다. 평생 책을 써 본 경험이 전혀 없는 일반인이 8주 만에 출판사에 원고 투고한다는 것은 매우 놀라운 일이다. 그런데 출판사에서 계약하자고 연락이 온다는 것은 더 놀라운 일이 아닐 수 없었다. 책쓰기 수업 2기, 3기 수강생들도 모두 수업을 통해 원고 투고를 100% 하고 출판사와 계약에 성공했다.

필자는 나 자신의 책을 출간했을 때보다 수강생분들의 책이 출간되었을 때 훨씬 더 기뻤다. 1기에서 베스트셀러 작가도 배출이 되었다. 베스트셀러 작가가 되어 다니던 직장을 그만두고 작가로, 컨설턴트로, 1인 기업가로 본격적으로 활동하는 모습을 보니 너무나 기쁘고 흐뭇했다.

부산 서면에서의 책쓰기 수업 1기 시절은 필자에게는 잊을 수 없는 추억 중의 하나가 되었다. 책쓰기 수업이 이제는 240기가 넘었다. 감사할 뿐이다.

자신의 이름으로 된 책 한 권을 쓰고 싶지만 한번도 책을 써본 적이 없어서 막막해 하는 이들이 적지 않다. 책쓰기를 어떻게 시작해야 하는지, 목차는 어떻게 구성하는지, 또 본문은 어떤 식으로 어떻게 써야 하는지, 출판사에 어떻게 원고를 보내고, 계약은 어떻게 해야 하는지 등 책쓰기의 모든 것에 대해서 전혀 알지도 못하고, 경험도 없다. 그래서 차일피일 미루다가 십 년이 훌쩍 지나가 버린다.

이런 분들에게는 책쓰기 수업이 굉장히 큰 실질적인 도움이 된다. 필자가 운영하는 칼리지에서 수업을 받게 되면 책쓰기의 처음부터 끝까지 필자의 코치와 지도 아래에서 하므로 7주만에[4] 출판사에 원고를 투고하고 계약도 하게 되는 놀라운 일이 벌어진다.

세월을 아껴준다는 것이 책쓰기 수업의 가장 큰 장점이고, 책쓰기의 출발점을 높여준다는 것이 두 번째 장점이다. 혼자서 한다면 7주가 아니라 7개월 이상 걸리는 일이다. 7개월이 아니라 7년이 걸려도 흐지부지 책도 출간하지 못하고 끝나고 마는 경우가 허다하다. 책쓰기 수업을 시작하면 코치가 옆에서 하도록 자극을 주고, 차근차근 하나씩 진도를 나가기 때문에 굉장히 밀도 높은 수업이 가능하다. 그 코치가 베스트셀러 작가이고, 100권의 책을 출간한 경험과 10년 동안 800명의 작가를 배출시킨, 책쓰기 코칭 경험이 풍

---

[4] 책쓰기 수업은 처음에는 8주 과정으로 시작되었지만 지금은 7주로 바뀌었다.

부한 사람이라면 더할 나위 없을 것이다.

책쓰기 수업이 아니라 혼자서 한다면 몇 년 이상을 노력하고 시행착오를 겪으면서 저품질의 책을 출간하겠지만, 베스트셀러 작가의 코치와 지도를 통해 고품질의 책을 출간할 수 있는 작가로서의 역량을 갖추게 된다. 책쓰기도 피아노 연주하기, 회사 경영, 운전하기, 스키 타기 등과 같이 반드시 전문가에게 배워야 하는 하나의 기술이다.

이 책을 통해 책쓰기 수업에 참여하고 싶은 생각이 드는 분들이 계시다면 몇 가지 조언을 해 드리고 싶다. 가장 중요한 조언은 책쓰기 코치를 잘 선택하는 기준이다. 아주 조심해야 할 것은 책쓰기 기술은 매우 고난이도의 기술이라는 점이다. 그래서 실력과 경험이 없는 코치에게 배운다면 한숨도 나오게 되고, 후회만 하게 될 것이다. 책쓰기 코치를 선택하는 가장 중요한 기준은 사실 명확하다.

첫째, 실력이 있는 작가인지 검증하라.
둘째, 코칭 경험이 풍부한 코치인지 검증하라.
셋째, 수료생 중에 베스트셀러 작가가 많이 배출되었는지 살펴보라.

그렇다. 책쓰기 코치라면 실력이 입증된 작가여야 한다. 그래서 책을 한두 권 출간한 무늬만 작가인 사람인지, 독자들이 없는 이름만 작가인지, 실제로 독자들이 있는 베스트셀러 작가인지, 무엇보다 작가로서 인정받는, 지속해서 베스트셀러를 출간할 정도로 왕성하게 활동하고 있는 작가인지를 살펴봐야 한다.

10년 전에 책 몇 권 출간해 놓고 현재는 그 어떤 저술 활동도 하지 않는 사람은 절대 선택하지 마라. 10년 전과 지금은 차원이 다르고, 독자의 수준도 다르고, 세상도 달라졌기 때문이다. 독자와 함께 늘 호흡하고 있는 현재 작가인 사람이어야 한다.

두 번째가 더 중요하다. 책쓰기 코치라고 해서 책쓰기에 대한 이론만 강하고 실제 코칭 경험이 없는 사람은 제외해야 한다. 코칭 능력과 선수 능력은 전혀 다르다. 자신이 작가로 성공했다고 코칭을 잘할 수 있다고 말하는 것은 어불성설이다. 코칭 능력은 전혀 다른 능력이다. 그래서 코칭을 많이 해 준 경험이 이미 있는 사람이 훨씬 더 좋다.

필자 역시 3년 차, 5년 차, 8년 차 코치일 때의 코칭 능력이 전혀 다르다. 코칭 능력은 별개라는 사실을 기억하자.

세 번째 기준도 매우 중요하다. 수강생 중에 실제로 베스트셀러 작가로 도약한 사람이 많은지는 매우 중요하다. 김병완칼리지 네이버 카페에 오시면 책쓰기 수업에 참여해서 책 출간에 성공하신 분들과 베스트셀러가 된 작가들의 후기가 투명하게 공개되어 있다. 이들 후기 중 일부를 소개한다.

평범한 사람이 작가가 되다

- 채OO 작가

책을 읽다가 책을 쓰고 싶어졌습니다. 작가가 되고 싶어졌습니다. 마음속 악마가 말합니다. '너는 너무나 평범해. 네가 무슨 작가라니! 너는 교사나 해! 너의 밥벌이에 충실해야지!' '그래도 해 보고 싶어.' 마음속에서 천사와 악마가 싸웁니다. 천사가 이겼습니다. 도전해보기로 했습니다.

김병완 작가님을 만났습니다. 수업 첫날, 목표를 물어보셨습니다. "어떤 경험이라도 좋을 것 같아요." 저의 소심한 답변에 작가님은 큰 소리로, "베스트셀러 작가 안 돼도 괜찮아요?" 하고 웃으며 말했습니다. 그 말 한 마디에 소심했던 저의 목표가 한 단계 올라갔습니다. '아, 작가는 당연한 것이고, 베스트셀러 작가도 가능한 것이구나!'

가장 기억에 남는 수업은 첫 수업이었습니다. '첫 수업에서부터 제목을 정한다니! 나에게는 아직 아무것도 없는데.' 무에서 유를 창조한 수업이었습니다. 브레인스토밍으로 제목을 정했습니다. '나는 물마시기에 중독되었다.'

4주 차 만에 계약이 되었습니다. 계약 도장을 찍을 때의 기쁨을 잊지 못합니다.

작가님은 6주 차 때 잘못된 본문 쓰기의 늪에서 빠져 나올 수 있게 해주셨습니다. 저는 욕심이 넘쳐 주제와 관련 없는 혼잣말을 늘어놓고 있었습니다. "학생들 앞에서 강연을 한다고 생각해야 해요." 작가님의 이 한마디는 저에게 깨달음을 주었습니다.

평범한 사람이 작가가 됩니다. 지금보다 더 자유롭고 창조적인 삶을 위해 여러분, 펜을 드세요. 글을 쓰세요. 여러분도 작가가 될 수 있습니다.

출판사 3곳에서 연락이 오다

- 김OO 작가

출판사에서 3곳에서 연락이 왔어요!
지난 토요일, 떨리는 마음으로 출간기획서를 메일로 보냈습니다. '한 곳이라도 연락이 왔으면 좋겠다.'고 마음속으로 바랐습니다.
오늘 월요일, 출간기획서를 보낸 지 이틀... 두 곳은 당장 만나자고 연락이 왔고, 한 곳은 샘플원고를 추가 요청한 상태입니다. 두 곳 중 작가님께서 추천해주신 출판사와 계약하려 합니다. 다시 한 번 감사드립니다. 김병완 작가님!

운명적인 면담

지난 10월 97기 독서법 수업 마지막날 김병완 작가님께 면담을 신청했습니다. 내 일생의 꿈이었던 책 한 권 내기! 이 꿈을 김병완 작가님께 말씀드렸습니다. 내가 할 수 있을까? 자신이 없었습니다. 작가님께서 나만 믿고 따라오라고 하셨습니다. 할 수 있게 도와주시겠다고~~ 그래 믿고 따라가자. 대한민국 최고의 책쓰기 고수가 내 옆에 있는데... 한번 해보자.

기적 같은 김병완 책쓰기 수업

평소 글쓰기를 해보지 않았기에 '과연 잘 따라갈 수 있을까? 정말 책을 쓸수 있을까?' 이런 걱정을 많이 했습니다. 하지만 걱정은 책쓰기 첫 수업부터 사라지기 시작했습니다. 기적 같이 목차가 정리되었습니다. 서문 작성, 분문 작성, 출간기획서... 모든 것이 '과연 내가 할 수 있을까?'라는 의심에서 시작해서 작가님의 지도를 거치면서 '와~ 내가 할 수도 있을 거 같다.'라는 희망으로 바뀌었습니다.

일생의 꿈 ! 일생의 책! 꼭, 출간하겠습니다.

이제 시작이라고 생각합니다. 길고도 힘든 본문 쓰기가 남아 있습니다. 작가님께서 말씀하셨습니다. 출판사와 계약을 하면 기적이 일어난다고... 본문쓰기 기적!

이 또한 믿고 작가님을 따라가려 합니다. 쉽지는 않겠지만 대한민국 최고의 책쓰기 대가, 당신이 있기에 자신이 있습니다.

작가님! 다시 한 번 감사드립니다.

작가의 꿈이 현실로

- 신OO 작가

출판사와의 계약을 앞둔 시점. 계약은 누구나 글을 쓰고 책을 출간하기를 희망하는 사람이라면 갖는 바람이겠죠.

작년 겨울 11월 마지막 주, 김병완 작가님과의 만남은 분명 우연이 아니었습니다. 제 인생에서는 필연과도 같은 사건이었네요. 작가님과의 책쓰기 과정에서 오해와 해프닝, 그리고 가르침. 이 모든 것들이 이젠 고맙기만 하네요.

제목을 정하고, 목차를 만들고, 서문을 작성하면서 많은 것을 배웠습니다. 그리고 본문을 작성하고 앞으로 어떤 글을 써야할지 고민하면서 8주의 과정을 끝마치고 드디어 출판사로 투고를 했습니다. 물론 저희 기수 모두가 정말 즐겁게 글을 쓰면서 책을 출간한다는 부푼 꿈을 가지면서 말이죠. 그리고 수업시간이 끝날 때, 드디어 투고를 했습니다.

주말 내내 긴장감을 갖고 몇몇 출판사가 메일을 확인하는가를 지켜봤습니다. 그리고 현재 두 곳은 편집장과의 컨택, 한 곳은 내일 회의 후 결과 알림, 그리고 또 다른 두 군데는 관심을 가지고 회의 후 결정. 물론, 그 중에는 출간의 꿈을 꾸고 있는 예비작가라면 알 수 있는 출판사도 있습니다. 쌤OOO, 넥OOOO, 그리고 몇몇 출판사들.

지금 저는 책을 출간하는 꿈을 꾸고 있네요. 아니, 책을 출간하는 미래 저의 모습을 그리고 있네요.

혹시 책쓰기를 주저하시는 분이 있다면 도전해 보십시오. 김병완 작가님이 여러분에게 길을 안내해주실 겁니다.

강남에 10평 사무실을 마련하다

　부산은 필자의 인생이 바뀐 제2의 고향이다. 서울에서 15년 가까이 대학 생활과 직장 생활을 했다. 그러다가 직장 생활 11년 차에 갑작스럽게 퇴사를 결심하고, 아무 연고지도 없는 부산으로 내려갔다.

　그 당시 부산의 신도시인 화명에 정착했다. 살기 좋은 동네에 자주 선정되는 곳이다. 아파트에서 나와서 몇 걸음만 가면 금정산이 있고, 아파트 앞에는 낙동강이 흘렀다. 마을 중간에는 물고기가 살고 있는 작은 내가 흘렀다.

　한국에서 이런 자연환경은 좀처럼 찾아보기 힘들다. 그래서 부산이 살기 좋은 도시에 자주 선정되는 것 같다.

부산에서 필자는 3년 독서를 실천했고, 그 후 2~3년 정도 책쓰기에 전념했다. 그러다가 2013년 12월에 책쓰기 수업 1기가 시작되었고, 1년 정도 집필과 수업이 병행되었다. 초창기 1년 동안에는 사무실이 없었다. 그래서 전국을 다니면서 수업을 진행하게 되었다.

정말 행복한 순간이었다. 전국을 다니면서 수업한다는 것은, 전국에서 필자를 필요로 하는 수요가 있다는 말이기도 했다. 5년 이상 부산 도서관에서 직업이 없는 백수로 돈도 벌지 않고 살았기 때문에, 책쓰기 코치로 수업한다는 것은 멋진 일처럼 느껴졌다. 하지만 전국을 다니면서 수업한다는 것은 어떻게 보면 정말 힘들고 피곤한 일이었다.

그때 어쩔 수 없이 서울로 이사를 해야 하는 일이 생겼다. 부산이 살기 좋은 동네였고 정도 많이 들었기 때문에 사실 이사하기가 너무 싫었지만, 이사를 하지 않을 수 없었다. 2014년 겨울에 서울 송파구로 이사했다. 그 이듬해 1월 드디어 강남에 작지만, 나만의 아지트가 생겼다. 바로 10평 정도 되는 사무실을 마련한 것이다.

꿈만 같았다. 사무실이라니! 사무실이 생기니 괜히 부담감도 생겼다. 하지만 말로 할 수 없을 만큼 기쁨이 넘쳤다. 한 마디로 너무너무 행복했다. 세상을 다 가진 기분이었다. 여기서 신나게, 누구보다 즐겁게 책쓰기 수업과 독서법 수업을 하게 되었다. 너무너무 감사하고 즐거웠다. 아직도 기억한다. '코리아 비즈니스 센터'라는 이름의 빌딩이었다. 강남역에서 10분 거리의 강남대로에 있었다. 강남역 5번 출구로 나와서 쭉 직진하면 바로 나온다.

김병완칼리지의 첫 번째 사무실이 있었던 '코리아 비즈니스 센터'는 참 멋진 곳이었다. 수강생분들이 전국에서 몰려들었다. 책쓰기 수업의 성과가 입소문이 난 것 같았다.

10평 사무실을 마련하게 되자 자연스럽게 직원도 뽑게 되었다. 직원이 생기자 모든 것이 달라졌다. 혼자서 모든 것을 하던 필자는 직원이 생기자 부자연스럽고 어색했다. 하지만 곧 적응이 되었다.

100평 코칭센터로 급성장

2015년 1월에 강남대로에 10평 사무실을 처음으로 마련했고, 신나게 수업을 하면서 지내다 보니 같은 해 10월에 100평 코칭센터로 이사하게 되었다. 정말 눈부신 발전이었다. 10평 사무실에서 수업도 하고, 일도 보고, 직원과 함께 한 공간에 있었지만, 100평 코칭센터로 이동하면서 대표실도 생기고, 직원실도 생기고, 강의장도 3개 정도가 더 생겼다.

작은 사무실 하나 없이 전국을 다니면서 책쓰기 수업을 했던 사람이, 그전에는 그냥 백수, 무직자였던 사람이, 강남에 100평 코칭센터를 열게 되었다. 정말 감개무량했다.

'내 인생에 이런 날도 오다니!'

100평 코칭센터로 이전하고 김병완칼리지는 더 잘 되었다. 물고기가 물을 만난 것처럼 수강생은 더 많아지고, 칼리지는 더 잘 돌아갔다. 무엇보다 대표실이 있어서 너무나 행복했다. 오시는 분들에게 따뜻한 차 한 잔을 대접할 수 있는 아늑한 공간이었기 때문이다.

대한민국의 중심 서울 강남에 100평 코칭센터라니! 정말 근사했다. 더 멋진 일은 독서법 수업과 책쓰기 수업이 매주 활발하게 열린다는 것이었다. 더 이상 바랄 것이 없었다. 백수, 무직자가 독서만으로 이루어낸 성과라서 너무너무 감사하고, 기뻤다.

대한민국에서 독서법 수업을 하는 학원치고, 강남 역삼동에서 100평이나 되는 코칭센터를 가지고 있는 곳은 찾아보기 힘들 것이다. 책쓰기 수업도 마찬가지다. 강남에서 100평이나 되는 코칭센터에서 책쓰기 수업을 매주 하는 곳은 찾기 힘들다.

여기서 책쓰기 수업과 독서법 수업만 한 것은 아니다. 저자 강연회를 할 만큼 큰 강의장도 있었기 때문에 저자 강연회도 했고, 작가 협회 모임도 자주 했다. 80~100명이 앉을 수 있는 큰 강의장은 보기만 해도 자부심이 생겨나는 공간이었다.

생각보다 공간의 중요성은 컸다. 사무실의 공간이 바뀌자 모든 것이 달라졌다. 공간만 바뀌었는데 직원이 더 늘어났고, 수업의 종류와 수가 더 늘어났다. 이뿐만이 아니다. 공간이 달라지자 업무 효율성이 높아졌고, 커뮤니티 형성이 가능해졌고, 소통의 장이 자연스럽게 만들어졌다.

공간은 삶과 비즈니스에서 매우 중요한 역할을 한다. 특히 코칭센터와 같은 공간은 더 큰 의미가 있다. 코칭센터는 단순히 수업만 하는 장소가 아니었다. 수강생들이 와서 성장과 변화를 경험할 수 있는 인생에서 중요한 공간이었다. 그래서 더 큰 의미가 있었다고 생각한다.

김병완칼리지의 핵심 철학이 부와 성공이 아닌, 변화와 성장이라는 점을 기억해 주면 좋겠다. 100평 코칭센터는 더 많은 사람이 더 효율적으로 변화와 성장을 할 수 있는 공간이 마련되었다는 점을 의미한다. 10평 사무실이 1년도 안 되어 100평 코칭센터로 바뀌었다. 크나큰 발전을 한 셈이다.

100평 코칭센터에서 2년 정도 있다가 또 이사를 했다. 이번에는 더 멋진 공간으로 갔다. 이사하면서 큰 돈을 들여서 인테리어 공사와 내부 수리까지 했다. 인테리어 공사를 한 것은 책쓰기 학교, 독서법 학교에 명품 집필공간인 북카페이자 집필 카페인 '라이팅 카페Writing Cafe'를 만들기 위해서였다.

명품 집필공간 북카페의 탄생

세상의 모든 일이 정체되면 썩게 되고, 망하게 된다. 100평 코칭센터를 마련한 것에 만족하지 않고, 안주하지 않고 칼리지는 더 큰 변화와 성장을 도모했다. 그것이 바로 명품 집필공간 북카페 겸 집필 카페인 '라이팅 카페Writing Cafe'를 만드는 일이었다.

100평 코칭센터는 강의장이 많아서 너무 좋았다. 하지만 하루 종일 수강생이 마음놓고 편하게, 눈치 보지 않고 머물면서 자신의 성장과 발전을 위해 투자할 수 있는 그런 공간이 상대적으로 부족했다. 그래서 결심하게 되었다. 명품 집필공간인 북카페 겸 집필 카페인 라이팅 카페가 있는 곳으로 이사 가기로 말이다.

이사 갈 곳을 찾아보니, 강남에 집필공간을 할 만큼의 북카페 혹은 라이팅 카페가 없었다. 찾기도 힘들었고, 마땅한 공간이 없었다. 학원이면서 동시에 북카페 혹은 라이팅 카페가 함께 있는 그런 특별한 공간은 찾아보기 힘들었다.

그래서 결국 만들기로 했다. 카페이기 때문에 1층을 선호했고, 공간도 역시 100평 정도로 넓은 곳이어야 했다. 수업을 할 수 있는 강의장, 세미나실도 많아야 하고, 더불어 하루 종일 책을 읽을 수 있고 집필도 할 수 있는 그런 북카페 혹은 라이팅 카페도 있어야 한다.

여러 곳을 다니면서 물색해 보고 찾아본 결과 역삼동에 출입구가 독립적인 1층 공간을 발견하게 되었다. 주저함 없이 바로 계약했다.[5] 꿈을 이루기 위해 인테리어 작업을 시작했다. 비록 비용이 많이 들어갔지만, 공사가 끝난 후 너무나 멋진 공간이 우리를 기다리고 있을 것을 알기 때문에 감사한 마음이 들었다.

공사는 한 달 정도 소요되었다. 공사가 끝난 후 새로운 코칭센터 겸 북카페인 칼리지에 들어가는 순간, 모든 것이 마음에 쏙 들었다. 너무너무 멋지고 품격 있는 공간이었다. 가장 좋았던 것은 1년 365일, 하루 24시간 내내 수강생들이 와서 책을 읽고, 책을 쓸 수 있는 그런 명품 집필공간이 생겼다는 것이다.

---

5) '라이팅 카페'와 함께 한 역삼동 시대는 김병완칼리지가 2023년 10월 삼성동으로 이전하게 되면서 마감하게 된다. 삼성동 시대에 대해서는 추후 또 한 편의 이야기를 갖고 독자 여러분을 찾아갈 기회가 있을 것이다.

대한민국 최초 라이팅 카페이기도 한 이곳은 실제로 카페 영업도 했다. 그래서 더 좋고 맛있는 커피를 수강생들이 마실 수 있고, 더 쾌적하고 멋지게 유지될 수 있었다. 이때 필자는 처음으로 요식업이라는 것을 해 보는 경험을 하게 되었다.

팔자에도 없는 요식업 사장이 되어, 실제로 커피 전문점 신고와 허가를 받았고, 보건소에서 보건증, 위생 교육 이수 등의 절차를 완료하기도 했다. 덕분에 커피숍 창업 경험도 생기고, 실제로 커피숍 사장으로 6년 이상 살다 보니 자연스럽게 캐러멜 마키아토 정도는 직접 만들 수 있게 되었다.

명품 집필공간 라이팅 카페는 김병완칼리지의 자부심이 되었고, 다른 곳과 차별화를 할 수 있는 가장 좋은 시그니처가 되었다. 수강생들도 이 공간을 매우 좋아해 주었다. 책쓰기 수업을 통해 벌써 두 권의 책을 출간한 안종원 작가도 카페에만 오면 책이 술술 잘 써진다고 좋아했다.

"집에서는 책쓰기가 정말 잘 안 되는데, 김병완칼리지 라이팅 카페에서 책을 쓰면 너무 잘 써지는 것이 신기해요, 작가님."

이런 말을 해 주시는 작가님들이 적지 않았다. 이런 이야기를 들을 때마다 너무 행복했다. 수강생분들이 마음껏 책을 쓸 수 있는 공간인 라이팅 카페가 생겨서 너무나 뿌듯한 시절이기도 했다. 이

공간에서 책을 쓰신 분들이 한두 명이 아니다.

맛있는 커피를 마시면서, 잔잔히 흐르는 음악을 들으면서, 여유 있고 품격있게 책을 쓰는 수강생분들을 멀리서 바라볼 때 세상을 다 가진 것만 같은 기분이 들었다. 수강생분들이 마음껏 라이팅 카페에서 책을 쓰고 있는 모습을 볼 때면 마치 부모가 자식을 바라보는 그런 심정이 되고는 했다.

자식을 키워본 부모는 안다. 자기는 배가 고파도 자식이 배불리 먹는 모습만 봐도 배가 부르다는 사실을 말이다. 책쓰기 코치로 이것보다 더 뿌듯한 기분이 든 적도 없었다.

책 쓰기 수업 100기 돌파

책쓰기 수업에는 전국 각지에서 수강생분들이 오셔서 참여한다. 심지어 해외에서도 오신다. 매주 멈추지 않고 책쓰기 수업이 진행되었다. 기쁘고 감사한 마음으로 수업하다 보니, 책쓰기 수업 100기를 돌파하게 되었다.[6]

책쓰기 수업 100기는 필자에게 의미가 깊은 기수다. 무엇인가를 시작해서 멈추지 않고, 우보만리처럼 해 왔다는 의미이기도 하기 때문이다.

100기에는 다양한 수강생이 참여했다. 대학교수, 지방에서 사업체를 운영하는 사업가, 사업가의 아들, 중고등학생인 형과 아우,

---

6) 2025년 3월 중순 현재 248기 책쓰기 수업이 진행되고 있다.

40년 현역 베테랑 직장의 신, 한두 달 후면 공군에 입대하는 젊은 친구 등 다양한 분야에서 다양한 분들이 책쓰기 100기에 참여하셨다. 모두 너무나 감사하고, 너무나 보고 싶다. 벌써 6년 전 일이다.

이때는 코로나19 팬데믹 전이라서 수업이 잘 되었지만, 이듬해인 2020년부터는 코로나로 인해서 타격이 심했다. 모든 자영업자가 망하지 않으면 다행인 그런 시절이 왔기 때문이다. 하루가 멀다 하고 문을 닫는 자영업자들이 넘쳐나던 그런 예기치 못한 최악의 시절이 왔다.

코로나 3년 동안이 가장 심했다. 2020년 초부터 2023년 초까지 3년 동안에는 누구나 힘든 시기를 겪어야 했다. 김병완칼리지도 예외는 아니었다. 그럼에도 강남에서 한 번도 수업이 멈추거나 끊어진 적이 없었다.

감사한 일은 한두 개가 아니었다. 코로나 기간에도 수업이 계속되었다는 점, 계속해서 칼리지가 운영되었다는 점 등 너무너무 감사한 일이 많았다. 코로나로 인해 바뀐 것도 많았다.

코로나 전에는 절대로 줌 수업인 온라인 수업을 하지 않았다. 그래서 미국에서도 직접 한국에 와야만 수업을 들을 수 있었다. 하지만 코로나가 시작되고, 줌 수업을 원하는 사람들이 많아져서 시대의 변화에 발맞추어 칼리지도 줌 수업을 동시에 진행하게 되었다.

책쓰기 수업에도 큰 변화가 생겼다. 이전까지는 4명, 6명 등 그룹 수업을 했지만, 코로나 이후에는 자연스럽게 일대일 수업을 선호하는 사람들이 많아졌다. 책쓰기 수업을 일대일로 한다고 이전 수강생분들에게 말하면 모두 다 놀란다. 이전에는 그룹 수업만 했기 때문이다.

일대일 수업이라면 수업료가 상당히 비싸지 않을까 생각하시는 분들이 많다. 하지만 생각만큼 큰 차이는 없다. 그룹 수업과 일대일 수업은 수업의 내용과 코칭에서 다소 차이가 나는 것은 어쩔 수 없지만.

김병완칼리지 책쓰기 수업은 어떤 다른 곳과 비교해서는 저렴하고, 또 어떤 다른 곳보다는 비싼 편이다. 왜 비쌀까? 이곳은 책 한 권을 출간해서 만들어 주는 곳이 아니기 때문이다. 이곳은 물고기를 잡을 수 있는 근본적인 방법과 노하우, 작가로 살아갈 수 있는 작가 수업을 하는 곳이기 때문이다.

즉, 책을 한 권 써 주는 곳과는 다르다. 이곳은 책을 한 권 써 주거나 출간해 주는 곳이 아니라 책을 쓰는 방법과 노하우, 기술과 경험을 전수해 주는 곳이다.

즉 작가 양성소다. 작가라는 직업을 가르쳐서 작가가 되게 만드는 곳이다. 직업 훈련소라고 생각하면 된다. 그래서 똑같은 책쓰기 수업이지만 본질적으로 차이가 날 수밖에 없는 것이다.

책쓰기 수업 종료 후 꾸준하게 두 번째 책, 세 번째 책을 수강생들이 스스로 가장 많이 출간하는 곳이 김병완칼리지다. 그것은 책쓰기 수업이 아닌, 작가를 양성하는 작가 수업을 하는 곳이기 때문이다.

베스트셀러 작가 다수 배출

  책쓰기 수강생 중에 베스트셀러 작가가 되는 비율이 가장 높은
곳이 김병완칼리지다. 많은 수강생분이 베스트셀러 작가가 되어
제2의 인생을 멋지게 살아가고 있다. 대표적인 인물이 바로 개그맨
인 고명환 작가다. 그는 2014년 12월 책쓰기 수업에 참여하여 책을
출간했다. 그리고 그 후 꾸준히 책을 출간해 오고 있다. 최근 들어
출간하는 책마다 종합 베스트셀러 도서가 되면서 대한민국 최고의
베스트셀러 작가 중의 한 명으로 도약했다.

  정말 축하할 일이고, 기쁜 일이다. 고명환 작가만 베스트셀러 작
가가 된 것은 아니다. 사실 훨씬 더 많은 수강생이 베스트셀러 작
가가 되었다. 어떤 수강생은 책쓰기 코치를 하기도 한다. 어떤 수강
생은 멋진 1인 기업가가 되어 멋진 인생을 살아가고 있다. 어떤 수

강생은 최소 50억 원에서 최대 100억 원을 벌기도 했다. 한 권의 책을 썼기 때문에 인생이 달라졌다고 할 수는 없지만, 나비 효과를 무시해서는 안 된다. 한 권의 책이 도화선이 되어 주기 때문이다.

책쓰기 수업을 받았기 때문에 무조건 그렇게 되었다고 할 수는 없지만, 나비 효과처럼 작은 행동 하나도 큰 영향을 줄 수 있다. 한 권의 책을 출간하지 않았다면, 100억 원을 번 그 수강생은 어쩌면 그만큼 벌지 못했을 수도 있다.

가장 기쁜 일은 필자가 베스트셀러 작가가 되는 것보다 수강생들이 베스트셀러 작가가 되는 것이다. 예스24 기준으로 볼 때, 칼리지 출신 수강생들이 출간한 도서 중에서 베스트셀러가 된 도서들을 찾아보면 400권이 넘는다.

즉, 대한민국에서 베스트셀러 작가를 가장 많이 배출한 책쓰기 학교인 셈이다. 이것이 또한 김병완칼리지의 자랑이기도 하다. 수강생을 수천 명 배출했지만 베스트셀러 작가의 비율이 현저하게 낮다면, 그것은 조금 부끄러운 일일 수 있다. 하지만 수강생이 800명인데 베스트셀러 작가가 400명이라면, 그것은 정말 자랑스러운 일이다. 책쓰기 수업을 통해 수강생 중 절반 이상을, 평범한 일반인에서 베스트셀러 작가로 만들어 배출한 것이기 때문이다.

평범한 초등학교 교사였지만 책쓰기 수업을 통해 작가가 된 후, 출간된 한 권의 책이 너무 많이 팔려서 교사를 그만두고 강사로, 전업 작가로, 코치로, 컨설턴트로, 1인 기업가로 도약한 수강생도 있다. 평범한 가정주부가, 평범한 직장인이, 평범한 일반인이 1인 기업가로 변신한 것이다. 이런 경우가 한두 명이 아니며, 생각보다 훨씬 많다.

'콩 심은 데 콩 나고, 팥 심은 데 팥 난다.'는 속담처럼, 스승이 베스트셀러 작가면 제자도 베스트셀러 작가가 되는 것은 자연스러운 일이다.

김병완칼리지 출신 베스트셀러 작가 400명 중에서 아주 독특한 이력이나 경력을 가진 분들을 몇 명만 소개하면 이렇다.

먼저 15살 청소년이 책쓰기 수업을 통해 책을 출간한 경우다. 혼자서 미국 뉴욕에서 유학 생활을 하면서 겪었던 일들을 담은 『15살이 쓴 미국 유학 도전기』를 썼다.

이 책은 청소년 생활/자기 관리 분야에서 무려 12주 동안 Top 100 베스트셀러가 되었다. 더 놀라운 사실은 이 책은 출간된 지 5년여가 지났지만 계속해서 꾸준히 팔리고 있는 스테디셀러라는 점이다. 이 책의 저자는 이제 미국 명문대 대학생이 되었다. 글로벌 대학 순위 20위 안에 드는 글로벌 명문대학교에 당당히 입학했다.

『15살이 쓴 미국 유학 도전기』는 여러 매스컴과 기사에 소개되었다. 교보문고 '정치, 사회 화제의 신간 10'에 선정되기도 했다. 이 책의 저자는 그 후 칼리지 수강생의 하나의 전통이 되기도 한, 두 번째 책과 세 번째 책을 출간했다. 정말 대단한 일이다.

잊을 수 없는, 감사한 분이 또 있다. 바로 73세의 나이에 책쓰기 수업에 참여해서 책을 출간하신 이은진 작가님이다. 『1% 도전의 행복! 챌린지』라는 책인데, 출간되자마자 베스트셀러에 진입했다.

계명대학교 교수이신 허남원 교수님의 책도 잊을 수 없다. 이 책은 자기 계발 TOP 20를 2주나 했다. 책 제목은 『안된다꼬예?』이다. '젊음이 있는데 뭐가 두려워.'라는 문구로 젊은이들에게 용기와 자극을 주는 책이다.

또 잊을 수 없는 분이 탄광이 있는 북한의 아오지에서 탈출해서 지금은 타워팰리스에서 살고 계신 김수진 작가이다. 아오지에서 태어나고 자란 북한 여성인데, 남한 생활 10년만에 4개 사업체 대표가 되고 아파트 3채, 1만 7천여 평의 땅을 가지게 되었다. 그 10년 동안의 여정을 담은 책이다. 책 제목은 『아오지에서 서울까지』이다.

출판사에서 계약하자며 연락이...

- 고명환 작가

저자되기 주말반에서 김병완 작가님이 가르치는 대로 쓰라면 쓰고 읽으라면 읽고 다음주까지 과제 주시면 써서 갔습니다. 그리고 지난 토요일 밤 10시에 역사적인 첫 원고 투고를 했습니다. 토요일에 원고 투고를 하고 나니 일요일에도 메일을 자꾸 열어보게 되었습니다. 메일이 몇 개 오긴 했는데 모두 반송된 메일이었습니다.

그리고 월요일 아침 9시! 약속이라도 한 듯이 전화가 오기 시작했습니다. "네, ○○출판사인데요, 출간하고 싶습니다." "○○출판사인데요, 오늘 당장 만나서 출간 관련 미팅을 하고 싶습니다." 메일함을 열어보니 출간과 관련해서 미팅을 하자는 메일이 여러 통 와 있었습니다.

이 글을 읽으며 '당신은 연예인이니까 그렇지.'라고 하신다면 정말 그건 아니라고 말할게요. 전 저자되기 하면서 제가 일반인이면 좋겠다는 생각을 계속 했어요. 왜냐면 우리나라에서 개그맨의 이미지는 그냥 웃기는 사람이에요. 좀 낮게 보는 경향이 있죠. 저역시 동료 개그맨이 책 냈다고 하면 '우와 대단하다!'라고 생각하지 않거든요. 그런 이미지 때문에 차라리 알려지지 않은 사람이었으면 하는 마음이었어요. 연예인이건 아니건 모든 사람에게는 다른 사람 10만 명보다 제일 잘할 수 있는 게 한 가지는 꼭 있다고 해요. 하나님이 그렇게 만들어 놓으셨거든요. 그걸 찾지 못해서 책을 쓰기가 힘든 거예요. 이렇게 찾기 힘든 자신의 얘깃거리를 김병완 작가님이 찾아주셨어요. 저자되기는 정말 위대한 수업입니다.

우리가 살면서 일을 할 때 가장 행복합니다. 나이가 들수록 이 생각은 점점 더 강해지네요. 근데 우리는 60세가 넘으면 일하기가 정말 힘든 나라에 살고 있습니다. 100세까지 살아야 하는데 말이에요. 90세가 넘어서도 현역에서 일을 할 수 있는 유일한 직업이 글쓰기입니다. 이건 대학을 졸업하고 대학원에서 박사 학위를 딴 사람도 방법을 모르면 할 수 없는 직업이에요. 근데 김병완 작가님이 단 8주만에 저자가 될 수 있게 만들어 주시네요. 그냥 시키는 대로만 하면 됩니다.

전 지금 너무도 설레고 흥분되고 놀랍고 행복한 기운에 젖어 있습니다. 책이 출간되고 안 되고를 떠나서 이렇게 출판사에서 연락이 오게 만드는 방법을 배웠으니까요. 몇 백만 원 수업료가 전혀 아깝지가 않습니다. 정말!!!!! 우리가 대학에 몇 천만 원 주고 4년 넘게 시간을 투자해도 취업을 못하는데, 8주만에 죽을 때까지 나 스스로 할 수 있는 기술을 배웠으니 정말 수업료가 아깝지 않죠.

전 이미 두 번째 책을 구상하고 있습니다. 이제 혼자서도 원고 투고를 할 수 있어요. 그리고 저자되기 수업을 한 사람은 평생 김병완 작가님이 A/S 해주시니까(^^) 원고 쓰다가 막히면 작가님 찾아 뵙고 상의하고 또 쓰고 하면 저도 죽을 때까지 수십 권의 책을 출간하는 사람이 될 거라고 확신합니다.

이 글을 읽어보시면 지금 이 순간 제가 어떤 감정 상태에서 얼마나 솔직하게 얘기하고 있는지 아실 겁니다. 정말 평생을 윤택하게 해주는 저자되기 수업을 널리 널리 알려야겠어요. 일단 저는 연예인들에게 홍보를 많이 해야겠네요. 제 주변에도 사연 많은 연예인들이 엄청 많거든요.

저자되기 수업 받으신 분들! 연락 안 온다고 너무 위축되지 마시고 우리 끝까지 인내하며 글을 씁시다. 전 연락이 좀 빨리 온 편이지만 책이 출간돼서 어떻게 될지는 아무도 모르는 일이잖아요. 저도 이제 촐싹대지 않고 진중하고 꾸준하게 글쓰기를 계속하겠습니다. 저자되기 동지 여러분!!! 베스트셀러를 탄생시키는 그날까지 우리 쓰고 또 씁시다.

방송인·변호사·대학총장의 수업 참여

책쓰기 수업을 시작하는 첫날에는 자기소개를 하는 시간이 있다. 보통 6~8명 정도의 그룹 수업이기에, 자기소개를 한 분씩 하면서 친해지는 시간이다. 자기소개 시간에 가장 잊을 수 없는 순간 중의 하나는 숙명여대 총장께서 수업에 참여하셨을 때다.

평범하게 보이는 아주머니가 자기소개를 할 차례가 되었다. 그분은 차분한 목소리로 자신이 숙명여대 총장이라고 소개했다. 그 순간 모든 수강생의 눈이 휘둥그레졌다. 필자도 글씨를 쓰던 손을 멈추고 그분을 쳐다보게 되었다. 그 순간 몇 초 동안 정적이 흘렀다.

모두 놀라기는 마찬가지였다. 의사, 변호사, 배우, 교수, 목사, 교사, 간호사 등 다양한 직종의 분들이 오셨지만, 대학 총장이 참여한 것은 처음이었다.

 방송인도 많이 참여했다. 대표적인 분이 앞에서도 소개한, 너무나
도 유명한 고명환 작가이다. 지금 베스트셀러 작가로 주가를 올리
고 있다. 감사할 뿐이다. 개그맨이었던 최형만 작가도 칼리지 출신
이다. 책도 많이 출간하셨고, 지금은 유튜버로도 활발하게 활동하
고 계신다. 중간에 아프셨지만, 지금은 다행스럽게 완쾌되셨다고
한다.
 출판사 대표도 많이 오셔서 책쓰기 수업에 참여하셨고, 기존에
책을 여러 권 출간하신 작가들도 와서 책쓰기 수업을 통해 자신의
책쓰기 기술을 한 단계 더 도약시키기도 하셨다. 신문사 편집국장
도 책쓰기 수업에 오셔서 멋지게 책 한 권을 쓰시고 출간하셨다.
이분은 지금 신문사 대표이사가 되셨다. 너무너무 기쁜 일이기도
하다.

 필자가 잊을 수 없는 분 중 한 명은 백화점 판매사원으로 일하다
독학을 통해 9급 세무 공무원이 되었다가, 다시 독학을 통해 사법
고시에 3년 만에 합격하여 변호사가 되신 분이다. 이분의 공익 활
동 경력도 다채롭다.
 주요 공익 활동 경력은 서울시 공익변호사, 국세청 국선세무대리
인, 국가인권위원회 전문 상담위원, 서울시 인권 상담위원, 서울남
부지방검찰청 피해자 국선변호인, 서울남부지방법원 국선변호인,

학교폭력대책자치위원 등이다.

자기 경험을 바탕으로, 변호사를 꿈꾸는 이들을 위한 스토리 가이드북인 『변호사 해석법』이라는 책을 출간했다.

대한민국 국가인권위원회에서 일하는 최고의 인권 전문가가 책 쓰기 수업에 참여한 적도 있다. 이분은 고려대학교를 거쳐 성공회대학교 대학원 NGO학 석사학위를 받았고, 영국 서섹스대학에서도 인권법학 석사학위를 취득했다.

인권 전담 국가기관인 국가인권위원회에서 조사관, 인권 교육, 인권 단체 협력, 국제 인권 업무 등 다양한 업무를 담당했다. 조사관일 때는 성차별과 장애 차별 사건 등을 조사하고 구제하여 실생활에서의 차별을 적극적으로 개선하였다. 국제 인권 담당일 때는 유엔과 아시아태평양국가 인권기구 포럼 등에서 개최한 다양한 인권 관련 회의에 참석하면서 인권의 세계적 흐름을 파악했다. 그 결과물을 한 권의 책으로 쓰려고 오셨다.

그 책의 주제는 인권 경영이다. 인권을 중요시하는 기업 경영, 즉 '인권 경영이 기업의 경쟁력이 된다.'는 사실을 세상에 알리고자 책을 쓰셨다. "기업이 성장하려면 단순히 이윤만을 추구해선 안 된다. MZ 세대는 이윤만을 추구하는 기업에서 일하려 하지 않는다. 소비자와 투자자도 인권을 중시하는 착한 기업을 위해 기꺼이 소비하고 투자한다. 이런 현상이 기업이 인권 경영을 해야만 하는 이유다."라고 강조했다.

칼리지 출신 수강생분들이 다양한 분야의 책들을 집필하고 출간했지만, 이 책은 아직도 기억이 생생하다. 대한민국 최초 국가인권위원회 인권 전문가가 김병완칼리지 최초로 쓴 인권 경영에 관한 책이기 때문이다.

미국에서도 건너와 참여하는
글로벌 수업

김병완칼리지 책쓰기 수업에는 국내를 넘어 전 세계에서 수강생들이 찾아온다. 실제로 미국 라스베이거스 대저택에 거주하고 있는 500억 부자인 로니 박도 책쓰기 수업에 참여하여 책을 여러 권 출간했다. 첫 번째 책이 『나는 글로벌 1인 기업가로 500억을 벌었다』라는 책이다.

책쓰기 수업을 하고 함께 식사도 여러 번 하면서 느낀 점은 역시 성공한 사람들은 남다른 무엇인가를 가지고 있다는 사실이다. 이분은 단돈 700달러만 들고 미국에 건너가 자수성가를 이루어낸 분이다. 큰 저택에 살면서 때로는 할리데이비슨을 타고 전 세계여행을 할 정도로 시간적, 경제적, 사회적 성공을 이루어냈다.

미국에서 건너와서 책쓰기 수업에 참여하신 분 중 제1호는 사실 플로리다에 살고 계신 갑부 아주머니다. 이분은 미국에 건너가서 처음에 고생을 많이 하셨지만 나중에는 사업을 해서 자수성가하셨고, 부자가 된 후에 자신보다 더 큰 부자와 결혼하게 되면서 어마어마한 부자가 되셨다.

플로리다에서 호텔 체인점을 운영하시는 분과 결혼하셨다. 그래서 필자가 플로리다에 오면 자신의 호텔에서 공짜로 숙박하게 해주신다고 하셨지만, 그곳에 갈 일이 생길지는 모르겠다.

미국에서 건너와서 책쓰기 수업에 참여하신 분 중 3호는 LA에 살고 계시는 교포 부부다. 이분들은 필자가 평생 잊을 수 없는 분들이다. 왜냐하면 처음에는 퀀텀독서법 수업에 참여하기 위해 한국에 오셨다가 김병완칼리지에 대한 신뢰성이 매우 높아져서, 부부 동반 책쓰기 수업에도 참여하게 되었기 때문이다. 그리고 그 결과도 매우 놀라웠다. (이들 부부의 독서법 수업 이야기는 제4장에 소개되어 있다.)

아내는 단 4주 만에 출판사와 계약을 하셨고, 남편은 7주 수업 직후에 계약하셨다. 이것은 매우 놀라운 성과다. 책쓰기를 한 번도 해본 적이 없고, 책쓰기를 배운 적도 없는 분들이 단 7주 수업을 통해 출판사와 계약해 낸다는 것은 어마어마한 일이다.

출판사 입장에서는 투고된 원고가 팔릴 만한 책이 아니라면, 책의 퀄리티가 낮다면, 독자들이 좋아할 만한 내용이 아니라면, 절대 계약하려고 하지 않는다. 출판사가 작가와 계약을 한 후 책을 출간한다는 것은 출판사 입장에서 엄청난 리스크를 안고 모험하는 것이고, 투자를 하는 것과 같다. 그래서 출판사 입장에서는 정말 팔릴 만한 책, 읽힐 만한 책만 계약을 하려고 한다.

김병완칼리지 책쓰기 수업이 남다른 이유가 바로 이것이다. 다른 곳은 수강생들이 정식으로 출판사와 계약하는 길이 힘들고 어렵기 때문에, 자비 출판 혹은 편법 출판을 유도한다. 그 덕분에 출간된 책은 많지만 실제로 독자들에게 읽히고, 베스트셀러가 되는 책은 극히 적다.

김병완칼리지는 정도를 추구한다. 조금 힘들고 어렵지만 반드시 기획 출간만 하며, 정식으로 출판사와 계약을 동등하게 체결하도록 유도한다. 그 덕분에 칼리지 출신 수강생분들은 두 번째 책, 세 번째 책을 출간하는 것이 너무나 자연스럽고, 힘이 많이 들지 않는다. 이것이 결국 수강생분들의 책쓰기 내공이 되고, 실력이 되는 것이다.

김병완칼리지의 책쓰기 수업은 글로벌 책쓰기 수업이다. 이렇게 된 이유가 바로 제대로, 정확하게 책쓰기를 가르쳐서 수강생분들의 실력과 내공을 향상하는 데 집중하기 때문이다. 김병완칼리지 책쓰기 수업이 하지 않는 것이 있다. 바로 공저 출간이다. 공저로 책을 출간하는 것은 너무 쉬워서 큰 의미가 없다. 그래서 공저 출간은 추천하지도 않고, 그렇게 유도하지도 않는다.

김병완칼리지는 물고기를 잡아서 주는 곳이 아니다. 초등학생이나 초보자를 대하듯, 한 권의 책이라는 물고기를 잡아서 주는 곳이 아니라, 평생 혼자서 계속해서 물고기를 잡을 수 있도록 물고기 잡는 방법, 즉 '책을 제대로 쓰는 방법'을 알려 주는 곳이다. 그래서 처음에는 힘들고 어렵다고 불평하는 경우가 종종 있지만, 힘들고 어려운 수련 과정을 거치고 나면 진정한 작가로 도약하게 된다. 그래서 나중에는 더 좋아하시는 분들이 많다. 본문 첨삭을 과도하게 해 주지 않는 것도 이런 철학과 신념에서 비롯된다.

한국의 교육은 너무 과도하게 정답을 알려 주고, 답을 제시해 주기 때문에 노벨 수상자가 과학 분야에서 아직 단 한 명도 배출되지 못하고 있다. 자유롭게 주체적인 학습을 제대로 할 수 있는 학생이 많지 않고, 더구나 세계 최고의 명문대가 한국에서 많이 탄생하지 않는 것이다. 글로벌 세계대학 순위 100위 안에 드는 학교가 한국에는 겨우 하나밖에 없다. 그것도 TOP 50나 TOP 20 안에는 단 한 곳도 없다. 싱가포르, 일본, 중국은 적지 않은 학교가 글로벌 TOP 100, TOP 50에 들어간다.

초등학생 글쓰기 수업처럼 과도한 첨삭, 지나친 본문 코칭은 득이 되는 것이 아니라 독이 된다는 사실을 왜 모르고 있는 것일까? 왜 칼리지 출신 작가 중에 유독 베스트셀러 작가로 도약하는 작가가 많을까? 왜 칼리지 출신 작가 중에 지속적으로 계속해서 책을 출간하는 작가들이 가장 많을까? 이런 성과와 차별성은 김병완칼리지 책쓰기 수업의 철학이 옳았다는 사실을 말해 준다. 명품 책쓰기 수업이라고 할 수 있을 정도의 남다른 성과와 차별성은 수업의 우수성을 입증하는 것이다.

　마치 공산주의보다 민주주의가 더 인간이 살기 좋은 사회 제도라는 사실이 입증되는 것처럼 말이다. 물론 세상에 100% 완벽한 것은 없다. 민주주의 사회에 살면서도 노숙자가 되고, 알코올 중독자가 되어 불행한 삶을 사는 사람도 있는 것처럼.

제4장

네 번째 여정 -
8천 명의 독서천재를
양성하다

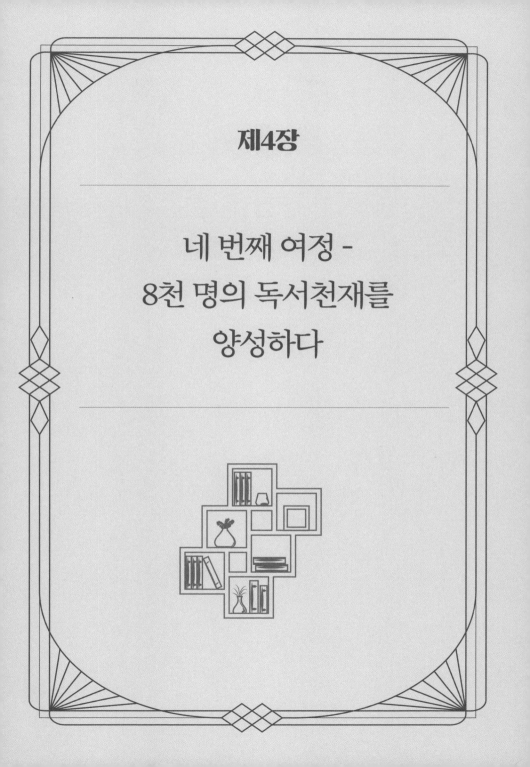

"인간으로 하여금 짐승과 벌레의 부류를 벗어나 저 광대한 우주를 지탱하게 만드니, 독서야말로 우리들의 본분이라 하겠다."

— 다산 정약용

"좋은 책을 읽는 것은 지난 몇 세기에 걸쳐 가장 훌륭한 사람들과 대화하는 것과 같다."

— 르네 데카르트

찜질방에서 생긴 아이디어

 2013년 말 책쓰기 수업이 시작되어, 감사하게도 전국을 다니면서 책쓰기 수업을 하게 되었다. 당시 집이 부산이었기 때문에 서울, 대전, 대구, 광주, 천안 등지를 다니면서 수업하게 되었는데, 1주일에 3~4일은 서울에서 책쓰기 수업을 했다.

 서울에서 책쓰기 수업을 할 때는 어김없이 서울역 뒤에 있는 유명한 찜질방에서 잠을 잤다. 이 당시에 수강생들이 책쓰기 수업을 듣고 나서 집에 가지 않고, 필자를 따라 찜질방에 와서 함께 라면도 먹고, 식혜도 마시고, 이야기도 나눴다.

 이렇게 찜질방에서 라면을 함께 먹다가, 한 수강생이 뜬금없이 필자에게 이런 요청을 했다.

"작가님, 독서하는 법 좀 가르쳐 주세요. 독서하는 것이 너무 힘들어요!"

필자는 아무 생각도 없이, 이렇게 대답했다.

"아, 그러시군요. 알겠습니다. 독서법 수업을 한번 해보겠습니다."

이것이 퀀텀독서법의 시작이 되었다. 찜질방에서 이런 이야기를 나눈 것이 계기가 되어 독서법 수업이 시작되었고, 퀀텀독서법 책이 출간된 것은 그로부터 4년 후인 2017년이다.

책이 출간되기 전에 4년 가까이 이미 독서법 수업은 너무나 잘 되었다. 그 덕분에 퀀텀독서법 책이 자기 계발 1위 베스트셀러가 된 것인지도 모른다.

미국에는 포토 리딩과 같은 독서법이 있고, 일본에는 미국에서 건너온 속독법이 유행했다. 한국에는 이들과 어깨를 나란히 할 수 있는 독서법은 존재하지 않았다. 필자도 역시 책쓰기 코치였지, 독서법 코치가 아니었다.

하지만 찜질방에서 책쓰기 수강생이 독서법을 가르쳐 주면 안 되느냐고 질문한 것이 필자에게 퀀텀독서법 수업을 시작하는 하나의 물꼬가 되어 주었다.

정말 생각지도 못한 일이었다. 독서법을 창안하고, 독서법 수업을 해서, 대한민국 성인 8,000명이 직접 배운 그런 독서법 수업이 탄생할 것이라고는 말이다. 찜질방에서 생긴 작은 아이디어가 결국 독서법이 되고, 수업으로 승화된 것이다.

"네 시작은 미약하였으나 네 나중은 심히 창대하리라. (욥 8:7)"

성경 욥기에 나오는 이 말씀처럼, 시작은 미약했지만 그 끝은 심히 창대했다고 할 수 있다. 퀀텀독서법 수업의 시작은 강의장도 없이, 책도 없이, 지인의 회사 회의장을 빌려서 첫 수업을 시작할 정도로 미약했지만, 10년 동안 이어질 만큼 성공했다.

필자는 퀀텀독서법 수업을 '대한민국 1등 독서법 수업'이라고 자신있게 말한다. 그 이유는 무엇일까? 그것은 바로 수강생 수와 놀라운 수업 성과 때문이다. 실제로 수업에 참여한 대한민국 성인의 수가 8,000명을 육박하기 때문이다. 이런 독서법 수업은 전무후무하다. 찜질방에서의 작은 씨앗이 거목으로 성장한 것이다.

퀀텀독서법 수업을 전 세계 100개 도시에서 진행하게 되면 어떻게 될까? 가슴 뛰는 꿈이기도 하다.

첫 독서법 수업이 시작되다

　'쇠뿔도 단김에 빼라.'는 한국 속담처럼, 필자는 바로 독서법 수업을 시작했다. 그것도 삼일절에 시작했다. 삼일절이 휴일이기 때문이기도 하고, 일본에 뺏긴 독서의 내공을 되찾자는 그런 의미도 없지 않았다.

　사실 3년 동안 '1,000일 독서'를 하면서 가장 분노한 것이 하나 있다. 그것은 바로 조선 시대 우리 선조들의 독서 내공과 수준이 일본을 압도한다는 사실과, 일제 강점기 때는 안타깝게도 역전을 당해 일본의 독서 내공과 수준이 압도적으로 퀀텀 점프한다는 사실이다. 월드컵에서 강팀을 만나 패하는 것도 안타까운 일이지만, 더 안타까운 것은 약팀을 만나 전반전에는 1대0 혹은 2대0으로 이기다가, 후반전에 역전을 당해 역전패하는 것이다. 우리나라의 독서력이 그런 역전패를 당한 꼴과 다르지 않다고 필자는 생각한다.

삼일절에 첫 번째 퀀텀독서법 수업이 시작되었고, 그 후 10년 이상 지속될 것이라고는 상상도 못했다. 10년 동안 퀀텀독서법 수업이 지속되어 좋은 점이 하나 있다. 바로 한국인들의 독서 내공과 독서 실력, 독서 두께, 독서 경험이 일취월장할 수 있게 해주는 하나의 전초 기지와 같은 역할을 했다는 자부심이다.

퀀텀독서법 수업은 삼일절을 기점으로 10년 동안, 한국에서, 주로 한국인들을 대상으로 8,000명에게 전수되고, 진행되었다. 이것이 의미하는 바는 매우 크다. 먼저 한국인들의 독서 내공, 독서 수준, 독서 경험을 한두 단계 퀀텀 점프시켰다는 것이다. 또한 원 페이지를 한 번에 읽을 수 있는 그런 만나기 힘든, 전설에서만 나오는 독서 초고수가 한국에서 가장 많이, 집중적으로 배출되었다는 것이다.

독서를 정말 잘하는 독서 초고수들이 많은 나라는 당연히 독서 수준이 높은 나라다. 퀀텀독서법 수업은 그런 독서 초고수를 수백 명 배출시켰다. 지금 최고의 베스트셀러 작가로 활동하고 있는 고명환 작가도 역시 2015년에 김병완칼리지에서 책쓰기 수업과 함께 독서법 수업을 들었다. 그리고 나서 지금까지 3,000권 이상의 책을 읽을 수 있었고, 그 덕분에 종합 베스트셀러 작가로 도약하게 된 것이다.

생각해 보라. 1,000권의 책도 읽지 않은 사람이 베스트셀러 작가가 될 수 있을까? 물론 한두 권의 책은 가능하겠지만, 매년 베스트셀러 도서를 출간하는 그런 작가가 되는 것은 불가능하다.

퀀텀독서법과 같은 강력하고 효과적인 독서법 수업을 배우는 것은 현명한 선택이다. 효과적인 독서법 수업을 배우지 않고 같은 시간 독서를 시작한다고 하면, 5년 혹은 10년 동안 500권도 겨우 읽기 힘들다. 퀀텀독서법과 같은 강력하고 효과적인 독서법 수업을 배운 이들은 5년 혹은 10년 동안 500권도 읽기 힘든 현실에서 3,000권을 독파하는 것도 현실적으로 가능하다. 고명환 작가가 사업도 하고 TV 출연도 하면서, 그 바쁜 와중에 3,000권을 실제로 독파한 대표적인 사례이다.

독서법 수업 시간에 필자는 여담으로 이런 얘기도 한다.

"한국에서 태어나서 10년 동안 퀀텀독서법을 만들고, 퀀텀독서법 수업을 진행해서, 한국인들 8,000명을 독서 고수로 배출시켰습니다. 그런데 만약에 제가 일본에서 태어나서 10년 동안 똑같이 퀀텀독서법을 만들고, 퀀텀독서법 수업을 진행해서 일본인들 8,000명을 독서 고수로 배출시켰다면 어떻게 되었을까요?

한국과 일본은 가까운 이웃 나라이지만 국민성이 너무나 다릅니다. 한국에서는 이런 일을 해도 아무도 반응을 하지 않습니다. 오히려 경쟁 업체, 경쟁자들의 시기와 질투, 모함과 가짜 뉴스가 판을 칩니다. 하지만 일본은 다릅니다. 일본에서 제가 퀀텀독서법 수업을 통해 단 3주 만에 독서 고수를 만들어 주고, 원 페이지 리더도 만들어 준다면, 일본인들은 한국인과 다르게 반응합니다. 일본인들은 평생 저를 '독서의 신'으로 추앙하면서 떠받들고, 여기저기 적극적으로 홍보하고 알립니다. 그렇게 되면 무엇이 달라질까요? 바로 전 세계 사람들이 궁금해하게 됩니다.

'도대체 뭔데 독서의 신이지?' '도대체 독서법 수업이 어떻길래?' 이렇게 궁금해서 CNN, BBC 등에서 취재를 오게 되고, 그 결과 세계적인 인물이 탄생하게 되는 것입니다. 즉, 일본은 일본 국민 내부에서 세계적인 인물이 탄생하고, 그 후 세계로 전파되는 성격이 강합니다. 안에서 시작해서 일본 밖으로 진출하는 것입니다. 하지만 한국은 정반대입니다.

한국은 절대 자신의 옆 사람, 같은 한국인들을 세계적인 인물로 존중하지 않습니다. '저런 것은 나도 할 수 있어.'라고 쉽게 생각하고, 서로를 무시하는 경향이 높습니다. 전 세계인이 먼저 인정해 주고, 세계적인 수준으로 존중해 주면 그때서야 인정을 해줍니다. 마치 BTS나 영화 「기생충」처럼, 먼저 전 세계인들이 인정해 주면 그때서야 한국인들은 인정해 줍니다. 한국은 세계적인 인물이 밖에서 시작되어 안으로 들어와야 합니다. 절대 한국인들이 먼저 같은 한국인들을 인정해 주지 않습니다."

한국과 일본의 국민성을 이 이야기를 통해 잘 알 수 있을 것이다.

독서법 수업 후 3,000권을 독파한 고명환 작가

고명환 작가는 책쓰기 수업을 들은 소감(⇨ 108~110쪽 참고)을 김병완칼리지 카페에 올린 데 이어 독서법을 수강한 후에 다음과 같은 소감도 남겼다.

"하루 5권 이상의 책을 읽고 있습니다. 3주 동안의 치열했던 수업이 끝이 났네요. 2주 차 때 저는 놀라운 체험(책 내용이 너무 빨리 뇌로 들어와서 눈이 도망가는 상황)을 했고 무엇보다 지금 가장 행복한 것은 책과 더 친해졌다는 거에요.

원래도 책을 두려워하지는 않았지만 그렇다고 완전 친하다고 할 순 없는 상태였죠.

독서혁명프로젝트 하면서 책을 가지고 논다는 말을 조금 알게 됐어요. 화요일에 밀양으로 기차 타고 갈 건데 내려갈 때 한 권, 올라올 때 한 권 읽을 거에요.

그 생각만 하면 빨리 기차를 타고 싶어요. 독서혁명프로젝트는 그야말로 저에게 독서의 혁명을 가져다 줬어요. 속도는 중요치 않아요. (전 400 정도 나오는데 이걸로도 너무 만족해요. 200페이지 책을 한 시간 조금 넘는 시간에 읽을 수 있으니까 이 정도면 만족해요.)

더 놀라운 건 느리게 읽을 때보다 책 내용이 더 가슴에 남는다는 거예요. 연습하다 보면 가끔 내 머릿속에 흙탕물이 일어나는 느낌이 있는데 그때 뇌가 개발되나 봐요^^

치열하게 독서하다 보면 또 놀라운 속도 체험을 곧 할 거 같아요. 책이 두렵고, 두껍고 어려운 책이 부담되시는 분은 반드시 독서혁명프로젝트를 들어 보시기 바래요.

20년 동안 방송국에서 이리 치이고 저리 치이면서 깨달은 비법은 '삶의 가장 강력한 무기는 바로 독서력'이라는 겁니다.

책과 함께 놀 줄 알고 한 시간에 한 권을 읽을 수 있는 수준에 이른다면 삼성그룹을 저한테 준다고 해도 독서능력이랑 안 바꿀래요. 진짜예요^^"

두근두근, 과연 성과가 있을까?

퀀텀독서법 수업을 처음 할 때 가장 궁금했던 것은 '과연 수강생들에게 얼마나 도움이 될 것인가?' 하는 것이었다. 전국에서 수업에 참여하기 위해 서울까지 왔는데 수업의 성과가 미비하다면 그것은 큰 낭패다.

첫 수업 때는 이런 걱정을 많이 했던 것 같다. 하지만 다행히도 수업 성과는 상상 이상이었다. 생각도 하지 않았던 성과가 속출했다.

- "평생 독서하면서 읽었던 책보다 이번에 수업에 참여해서 연습하면서 읽은 책이 더 많아요. 감사해요, 작가님."
- "독서하는 것이 훨씬 더 쉬워졌고, 편해졌고, 빨라졌고, 잘할 수 있게 되었어요. 한 시간에 한 권 읽기가 정말 가능하게 되었

어요."

- ■ "독서의 수준과 차원이 한 단계 도약하게 된 것 같아서 너무 감사해요."
- ■ "흐릿하던 글자가 진하게 보이면서 눈보다 뇌가 더 빨리 내려가며 내용이 들어왔습니다. 신기하네요."

생각도 하지 못했던 성과가 속출하였기 때문에 퀀텀독서법 수업이 10년 이상 지속될 수 있었다. 성과가 미비했더라면, 절대 10년 이상 지속될 수 없었다. 속독법이나 포토 리딩은 각각 장단점이 있다. 현실적으로 볼 때, 속독법은 훈련 기간이 길거나 훈련량이 많아야 한다. 특히 기존의 속독법은 성인들이 실천해서 성과를 보기에는 역부족이다. 하지만 퀀텀독서법은 다르다. 퀀텀독서법 수업의 주 대상은 청소년이 아니라 성인들이기 때문이다.

퀀텀독서법 수업에 청소년이 참여하게 되면, 성과가 어른들보다 훨씬 더 크다. 퀀텀독서법 수업이 강력하고 혁신적인 독서법 수업이기 때문에 가능한 일이다.

퀀텀독서법 수업을 10년 동안 하면서 가장 신기했던 것은, 단 2주 혹은 단 3주 만에 독서력이 100배, 300배, 심지어 500배 이상까지 향상되는 분들이 나오는 것이다. 필자도 의아하다. 단 2~3주 만에 독서력이 3배만 향상 되어도 정말 대단한 일이지 않은가? 그런데 100배, 300배, 500배라니!

'김병완칼리지' 네이버 카페에서 퀀텀독서법 기수별 글을 보면, 지금까지 모든 수강생들의 훈련 기록과 최초 독서력과 최고 독서력, 훈련을 언제 몇 시간 했는지, 얼마나 성장했는지 모든 기록이 남아있다. 이 모든 기록은 수강생 본인이 자신의 손으로 직접 카페 게시판에 올리게 되어 있다. 그리고 수강생들의 모든 기록은 영원히 남아 있다.

수강생 본인이 직접 자신의 손으로 게시판에 올린 훈련 기록이기 때문에 신뢰성이 높고, 그 모든 기록을 모두 오픈한다는 것이 중요하다. 왜냐하면 모든 수업과 모든 수강생 훈련 기록을 오픈해야 김병완칼리지 퀀텀독서법 수업이 더 발전할 수 있기 때문이다.

모든 수업 기수와 모든 수강생의 훈련 기록을 오픈하게 되면 좋은 점이 많다. 수업의 성과와 수업의 만족도에 더 몰입하게 되고, 더 반성하게 되고, 더 열심히 하게 된다. 세상에 완벽한 수업은 없다. 하지만 성과가 높고, 만족도가 높은 수업은 있다.

퀀텀독서법 수업의 지속적인 발전을 위한 배수진인 셈이다. 전쟁에 나가는 장수는 반드시 승리를 해야 한다. 승리하기 위해 배수진은 필수다. 수업도 마찬가지다. 수업을 했다면 반드시 수강생들에게 큰 만족과 성과를 주어야 한다. 이것이 전쟁에서 승리하는 장수의 모습이다.

퀀텀독서법이 강력하고, 효과적이고, 혁신적인 독서법 수업이 아니라면 해서도 안 되고, 한다고 해도 10년 이상 강남에서 지속될 수도 없다. 세상은 우리의 생각만큼 그렇게 어설프지 않다. 필자가 10년 이상 책쓰기 학교, 독서법 학교를 운영하면서 제대로 알게 된 것이 이것이다. 세상은 정말 정확하다는 점이다.

자신의 실력과 내공이 없는 사람은 아무리 화려한 광고를 하든, 포장을 하든, 무엇을 하든, 10년 이상 할 수도 없고, 버틸 수도 없다. 반대로 실력과 내공이 있는 사람은 아무리 숨기려고 해도 절대 숨길 수 없다. 중국에 이런 고사성어가 있지 않는가?

바로 낭중지추囊中之錐다. 이 말은 '주머니 속의 송곳'이라는 뜻으로, 실력이 뛰어난 사람은 그것을 숨기려고 해도 자연스럽게 드러난다는 의미다. 실력과 내공을 쌓는 것이 힘들고, 많은 시간과 노력이 필요하기 때문에 성실하고 근면하지 않으면, 끈기와 열정과 같은 그릿이 없으면, 절대 불가능하다. 그래서 세상에는 진정한 실력과 내공이 있는 사람이 많지 않다.

특히 현대 사회는 너무 복잡하고, 빠르게 변화하기 때문에, 10년, 20년 이상 하나에 미칠만큼 몰입하는 것이 어렵다. 그래서 현대 사회는 진정한 고수, 진정한 어른, 진정한 실력자를 찾아보기 힘든 것이다.

3주 만에 수강생의 독서력을 100배, 혹은 300배, 혹은 500배 이상 향상시켜 주는 독서법 수업은 인류 역사상 전무후무하다. 독서 선진국인 미국과 일본에도 존재하지 않는 독서법 수업이다. 퀀텀 독서법은 단순히 독서 속도를 높이는 것이 아니라 독서의 방법, 독서의 기술, 독서의 내공, 독서의 두께, 독서의 수준, 독서의 차원, 독서의 실력을 향상시켜 준다.

물론 수강생들의 독서력이 모두 이렇게 향상되는 것은 아니다. 하지만 대부분의 수강생, 즉 80% 이상의 수강생은 3주 만에 독서력이 3~5배 이상 향상된다. 이것이 퀀텀독서법의 주된 목표이기도 하다. 정확한 비율은 산출하기 힘들지만, 이중 10~20%의 수강생은 원 페이지 리딩이 가능해지고 독서력이 10배, 혹은 100배 이상 향상된다고 볼 수 있다.

독서력이 100배 이상 향상된 수강생이 퀀텀독서법 수업에 참여하지 않았다면 앞으로 10년, 20년, 30년, 아니 평생 독서를 한다고 해도 절대로 100배 이상 향상되지 않을 것이다. 지금까지 변화가 없었기 때문이다. 평생 독서를 해도 독서력은 절대 변하지 않기 때문이다.

아마추어 축구 선수들이 평생 조기 축구회를 해도 절대 프로선수만큼 실력이 향상되지는 못한다. 선수가 되어 딱 3년만 선수 생활을 해도 오히려 평생 조기 축구회를 하는 것보다 비교도 되지 않을 만큼 축구 실력은 성장한다. 프로와 아마추어는 절대 넘을 수 없는 수준과 차원이 존재한다. 그것이 세상이다.

우리가 기억해야 할 한 가지 사실은 단 3주 만에 독서력이 100배 이상 향상될 수 있게 해 주는 독서법 수업은 퀀텀독서법 외에는 찾아보기 힘들다는 것이다. 이런 성과를 낼 수 있는 독서법 수업이 미국이나 일본에 있다면, 가서 배워야 한다. 얼마나 수지맞는 장사인가?

생각해 보자. 어떤 독서법 수업이 있다. 수강생이 100명이다. 100명 중 효과를 본 수강생이 10명에서 20명이다. 나머지 80명에서 90명 정도는 효과를 보지 못했다. 자, 이 독서법 수업은 효과가 있는 검증된 독서법 수업인가? 아니면 효과 없는 독서법 수업인가?

우리는 전체를 볼 줄 알아야 한다. 수강생 중에 10~20%만 효과를 봤다면, 그것은 효과가 없는 독서법 수업이다. 즉 효과를 본 수강생이 있다고 광고를 해도, 그것은 효과가 있는 독서법 수업이 아니다. 반대의 경우는 어떤가?

100명의 수강생 중에 80명 전후가 효과를 보고, 나머지 10명에서 20명 정도가 효과를 못 봤다면, 이 독서법 수업은 정말 효과가 있는 수업인가? 효과가 없는 수업인가? 우리는 통합적으로 전체를 평가해야 한다. 그래서 효과가 없는 일부 수강생이 있어도, 효과가 있는 독서법 수업이다. 세상에 100%는 없다. 왜 그럴까? 길거리에서 만나는 사람 100명을 무작위로 4년 동안 대학교에 다니게 하면 100%가 다 졸업에 성공할까? 절대 아니다. 세상은 평균 80%와 상위 10%, 그리고 하위 10%로 구성되어 있기 때문이다.

학교에서 똑같이 수업 시간에 공부하고 시험을 쳐도, 1등부터 꼴찌까지 정확히 나누어진다. 사람마다 인지 능력, 아이큐, 지능지수,

암기력, 이해력, 문해력, 집중력 등이 다르기 때문이다. 즉 효과를 본 사람이 있어도 어떤 수업은 효과가 없는 수업이고, 효과를 보지 못한 사람이 있어도 어떤 수업은 효과가 있는 수업이다. 우리는 코끼리를 평가할 때, 통합적으로 볼 줄 알아야 한다. 다리나 코만 만져서 코끼리가 둥근 동물이라고 오판해서는 안 된다.

성경을 하루에 일독씩 하는 독서 초고수

퀀텀독서법 수업을 통해 독서 인생이 달라진 분들이 한두 명이 아니다. 그 중에서도 잊을 수 없는 분이 바로 김재웅님이다. 퀀텀독서법 수업을 통해 많은 결실을 맺으신 분이다.

2018년 7월 여의도순복음교회에서 실시한 상반기 성경읽기 캠페인에서 성경다독상을 받으셨다. 1등을 하셨는데, 상반기에만 35독을 하셨다고 한다. 그리고 여기서 멈추지 않고 더 도전하셔서, 이제는 성경을 1일 1독 하실 수 있다고 한다.

그분이 쓴 독서법 수업 후기를 보면 이렇다.

"성경 6장 읽는 데 30분 걸렸던 저에게 퀀텀독서법은 밭에서 보물을 발견한 것과 같습니다. 독학을 통해서 한 달에 일독, 열흘에 일독을 하게 되었고, 수업을 통해서 3일 일독, 1일 일독을 하게 되었습니다. 그리고 금년에 성경통독 100독을 넘어서 200독을 향해가고 있습니다."

100독을 넘어 200독을 향해가고 있다고 간단한 후기를 쓴 그는

7~8개월 후 또 다시 후기를 썼다. 그 내용은 무엇일까? 앞부분은 비슷한데, 뒷부분이 달랐다. 그 내용은 바로 이것이다.

"성경 6장 읽는 데 30분 걸렸던 저에게 퀀텀독서법은 밭에서 보물을 발견한 것과 같습니다. 독학을 통해서 한달에 일독, 열흘에 일독을 하게 되었고, 수업을 통해서 3일 일독, 1일 일독을 하게 되었습니다. 그리하여 2018년 성경통독 350독을 하였고 올해도 하루에 성경통독 일독하고 있습니다. 성경 일독하는데 소요되는 시간은 20분에서 40분입니다."

이런 추세라면, 그는 지금까지 성경 500독 이상은 반드시 했을 것이다. 어마어마한 내공이다. 독서 초고수가 아닐 수 없다.

원 페이지·양 페이지 리딩자 속출

　정말 놀라운 일은 단 2주 만에 원 페이지 리딩을 할 수 있는 독서 초고수가 탄생한다는 사실이다. 세상에 어떤 수업이 단 2주 만에 원 페이지 리딩을 할 수 있는 사람을 배출시킬 수 있을까?

　더 놀라운 것은 원 페이지 리딩을 할 수 있는 사람의 나이다. 청소년부터 시작해서 성인들, 특히 50대, 60대분들도 가능하다는 점에서 놀라지 않을 수 없다. 다음은 70대 어르신이 양 페이지 리딩을 하게 된 경우다.

　성인 아들과 함께 독서법 수업에 참여하신 70대 어르신이 많은 수강생들을 놀라게 했다. 필자도 정말 놀랐다.

　70대 어르신의 경우에는 눈도 희미해져서 세상이 흐릿하게 보인다고 한다. 그런데 퀀텀독서법 수업에 참여해서 2주 정도 훈련을 하자 글자가 진하게 보이고, 더 잘 보일 뿐만 아니라, 양 페이지를 한 번에 읽고 이해까지 할 수 있는 수준, 즉 양 페이지 리더가 되셨다.

10년 동안 8,000명이 넘는 수강생들이 참여했는데, 그중 역대급으로 가장 성과가 뛰어난 수강생이셨다. (자세한 내용은 146~149쪽을 참고하라.)

퀀텀독서법 수업은 3주 과정과 6주 과정이 있다. 3주 과정은 3주 동안 수업만 받는 과정인데, 이 과정이 주된 과정이다.

6주 과정은 코로나19 이후 2023년부터 추가된 과정으로, 3주 수업 후 개인 코칭을 추가로 받는다. 수업 종료 후 3주 혹은 3개월 동안 주 1회 혹은 월 1회, 1시간씩 개인 코칭을 받을 수 있는 과정이다. 즉 6주 과정은 3주 수업 후 수강생분들이 시간이 날 때 자유롭게 시간을 정해서 한 시간 동안 집중적으로 일대일 코칭을 편하게 받으실 수도 있고, 수업을 재수강하실 수도 있는 심화 과정이라고 생각하면 된다. 3주 수업의 성과에 대해서 자신이 없으신 분들, 독서 초보이신 분들이 6주 과정을 많이 선택한다.

30주 수업 이상의 성과를 내는 강력하고 효과적인 3주 수업, 6주 수업인 셈이다. 그렇기 때문에 단 3주 만에 원 페이지 리더 뿐만 아니라 다양한 효과를 봤다고 하는 이들이 나왔다. 그중에 가장 기억에 남는 분이 난독증 환자였다.

코로나19 이전에는 수강생들이 많았기 때문에 수강생 한 분 한 분 소개하는 시간이 없었다. 그래서 수강생들이 어떤 상황에서, 어떤 목표를 갖고 수업에 참여했는지 정확히 알 수 없다. 하지만 3주 차 수업 시간에 소감 발표 시간이 있기 때문에, 이때 많은 분이 자신은 어떤 사람이고, 어디서 왔고, 무엇을 목표로 수업에 참여했는지, 그리고 실제로 2주 동안 수업 성과는 어떤 것이 있는지를 발표하고 소감을 나누는 시간을 갖는다.

3주 차 수업 소감 발표 시간에 어떤 분이 나오셔서 소감을 말씀하셨다. 그 분은 자신을 난독증 환자라고 소개했다. 자신은 길거리에 나가면 간판을 제대로 볼 수 없다고 한다. 글자들이 춤을 추고 흔들리기 때문이다. 영화를 보는 것도 무척 힘이 든다고 한다. 자막을 볼 수 없기 때문이다. 정말 사는 것 자체가 무척 힘들었을 것 같다.

그런데 이분이 퀀텀독서법 수업을 통해 1주 차 때는 변화가 없었는데, 2주 차 수업을 받고 2주 동안 훈련한 다음 3주 차 수업을 받기 위해서 집에서 나오는데 새로운 세상을 만나게 되었다고 한다. 바로 길거리의 간판 글자들이 보이기 시작했다는 것이다. 필자도 정말 믿기 힘든 소감 발표 중 하나였다.

유튜브 채널 '김병완TV'를 찾아보면, 원 페이지 리딩을 하게 된 수강생들의 소감 발표 동영상이 많이 올라와 있다. 3주 차 수업 시간에 성과가 큰 수강생들에게 소감 발표를 시키면, 어김없이 자신이 원 페이지를 한 번에 읽고 이해할 수 있는 수준까지 도약하게 되었다는 사실을 당당하게 수강생들과 필자 앞에서 이야기하는 경우가 굉장히 많다. 그러면 필자가 휴대폰으로 그냥 수업 현장을 촬영하고, 그것을 그대로 유튜브에 올리는 것이다. 그렇기 때문에 믿을 수 있는 것이다.

생각해 보라. 단 2주 수업과 독서 연습으로 원 페이지 리딩과 양 페이지 리딩을 할 수 있게 해 주는 그런 어마어마한 독서법 수업이 세상에 존재하는지 말이다. 이것이 가능하기 위해서는 두 가지 조건이 성립해야 한다.

첫 번째 조건은 어마어마한 성과를 내는 독서법 수업이어야 한다는 것이다. 지금까지 이런 성과를 내는 독서법 수업은 존재하지 않았다. 퀀텀독서법 수업 이전에는 원 페이지 리딩, 양 페이지 리딩이라는 말이 일반화되지 않았고, 이런 말을 하는 사람도 거의 없고, 책이나 신문, 방송, 수업을 통해 하는 사람도 거의 없었다.
하지만 퀀텀독서법 수업 이후부터 원 페이지 리딩 혹은 원 페이지 리더, 양 페이지 리딩 혹은 양 페이지 리더라는 말을 쉽게 들을 수 있게 되었다. 이것은 실제로 이것을 해 내는 사람이 속출하기 때문에 가능한 일이다.

두 번째 조건은 원 페이지 리딩이나 양 페이지 리딩을 할 수 있을 만큼의 잠재력, 내공, 숨은 실력, 두꺼운 독서 경험, 아니면 놀라운 숨은 독서 실력 중 하나라도 있는 수강생이 존재해야 한다는 것이다. 이런 수강생이 존재해야, 손뼉도 마주쳐야 소리가 나듯이, 비로소 원 페이지 리더 혹은 양 페이지 리더가 탄생하게 된다.

우리가 잊어서는 안 되는 중요한 사실은 원 페이지 리더나 양 페이지 리더가 퀀텀독서법 수업 이전 100년 동안 단 한 명도 나오지 않았다는 것이다. 그런데 퀀텀독서법 수업을 진행한 후 10년도 안 되어, 수십 명 또는 수백 명이 원 페이지 리더 혹은 양 페이지 리더로 도약하게 되었다. 두 번째 조건을 만족하는 사람들이 수천 명 있어도, 퀀텀독서법이라는 수업이 세상에 존재하지 않았다면, 단 한 명도 절대로 원 페이지 리더나 양 페이지 리더가 될 수는 없었을 것이다.

원 페이지 리더 혹은 양 페이지 리더가 아니더라도 거의 대부분의 수강생들이 한 시간에 한 권 읽기가 되는 수준의 독서 고수, 대한민국 상위 0.1~1%의 독서 고수로 도약했다. 단 2주 만에 이렇게 도약한다는 것은 대단한 일이 아닐 수 없다.

70대 어르신, 2주 만에 양 페이지 리더가 되다

퀀텀독서법 수강생들에게 꼭 보여 주는 동영상이 하나 있다. 바로 70대 어르신이 2주 만에 양 페이지 리더가 되고 나서 3주 수업 시간에 소감 발표를 하신 영상이다. 청담동에서 고급 식당을 운영하는 아들과 함께 퀀텀독서법 수업에 참여하셨다.

1주 차 수업 후에는 오히려 70대 어르신이 아들에게 이런 소리를 들으셨다고 한다.

"어머니는 왜 김병완 작가님이 하라는 대로 하지 않고 속발음을 하면서 독서를 하세요? 그러니까 독서 속도가 진척이 없는 것입니다."

그런데 2주 차 수업 후 1주일도 안 되어, 70대 어르신은 놀라운 변화를 맞이하게 된다. 바로 양 페이지가 한 번에 다 보이고, 이해도 다 되는 양 페이지 리더가 된 것이다. 정말 믿기 힘든 일이다. 필자도 퀀텀독서법 창안자임에도 솔직히 믿기 힘든 일이다.

70대 어르신이라는 점을 우리는 잊어서는 안 된다. 그리고 원 페이지 리딩이 아니라 양 페이지 리딩이다. 원 페이지 리딩만 할 수 있어도 이것은 어마어마한 일인데, 양 페이지 리딩은 정말 말도 되지 않은 어마무시한 것이다.

그런데 이런 양 페이지 리딩을 50대가 해도 대단한 것이지만, 70대 어르신이 했다는 것이다. 정말 믿기 힘든 일이다. 필자도 믿기 힘들었다. 하지만 3주 차 수업 때 소감 발표를 하시는 것을 들어보면 조금 믿을 수 있을 것 같았다.

유튜브 채널 '김병완TV'에서 소감 발표하시는 영상을 볼 수 있다. 네이버에서 그냥 '70대 어르신 양 페이지 리딩'이라고 검색을 해도 쉽게 관련 영상을 찾아 볼 수 있다. 영상으로 보는 것을 추천하지만 시간이 없고, 바쁘신 분들을 위해 소개하겠다.

"서울 청담동에서 아들과 같이 왔습니다. 원래 책을 좋아하니까, 빨리 많이 읽고 싶어서 아들과 함께 왔습니다. 처음에는 속발음을 많이 해서 힘들었어요.

'엄마는 그렇게 속발음하지 말랬는데도 왜 그렇게 하냐?'고, '속발음을 하면 소용이 없는데, 왜 그렇게 엄마는 고집이 세냐?'고 막 그래요. 제가 49년생이에요. 3일 차에는 이해를 하고 싶었어요. 그런데 아들이 '왜 엄마는 속도를 올리고 이해를 하지 말라고 했는데, 또 그러냐?'고 그래요.

제가 나이가 있고, 눈이 안 좋으니까 글자가 흐리게 보여요. 그런데 훈련을 하니까, 조금 진하게 보이는 것 같아요. 그러면서 속도가 나기 시작하는 거예요. 눈이 막 밑으로 내려가요. 그래서 이 단계를 뛰어넘어야겠다고 생각하고 연습을 하니까, '뇌를 속여야지. 뇌를 속여야지.' 하면서 연습을 하니까 5줄이 보이기 시작하면서 반 페이지를 읽게 되더라고요. 조금 더 하니까 만 자를 넘게 되더라고요. 만 자를 넘으니까 원 페이지를 읽게 되더라고요. 그러더니 곧 양 페이지가 한 번에 들어와요.

팔이 안 좋으니까 손에 물을 묻히고 하는데, 더 빨리 읽을 수도 있지만 손이 안 빠르니까 더 빨리 못 읽는 거예요. 더 빨리 읽을 수도 있는데 손 때문에 못 하는 거예요. 지난번에 발표를 안 시켜서 '정말 다행이다.'라고 했어요. 그런데 오늘 이렇게 독서 결과가 나와서 발표를 시키면 어떻게 하지 그렇게 생각했는데, 시켜서 발표하게 되었어요.

거짓말이 아니라, '이게 진짜인가? 내가 나를 속이는 것이 아닌가?'라고 생각이 들면 더 진해지고, 더 빨라져요. 그래서 '아, 이게 진짜구나, 이건 진짜 기적이다. 이건 진짜 되는 것이 맞구나!'

저는 천주교 신자라서, 매일 아침 기도하고 묵상하니까 그것이 좋은 것 같아요. 우뇌 자극 스킬도 좋고요. 처음에는 한 페이지,

두 페이지 흐리게 보이다가 이제는 마음만 먹으면 다 보여요. 한 페이지가 아니라 양 페이지도 다 보여요. 다 이해가 되고, 더 진하게 보이고, 다 되어요.

'죽기 전에 만 권을 읽어봐야겠다. 할 수 있다. 할 수 있어.'라고 하니까 되더라고요. 3분 명상, 브레인파워 훈련 등을 선생님께서 하라는 대로 한 시간씩 했어요.”

정말 감사하고, 감사하다. 필자가 평생 잊을 수 없는 수강생이다. 2주 만에 양 페이지 리딩을 하신 70대 어르신 덕분에 좋은 점이 많았다. 나이 많으신 분들이 수강 전에 상담을 하실 때, 꼭 물어보시는 말씀이 있다.

“나 같이 나이 많은 사람도 가능할까요?”

이 때 필자는 70대 어르신의 사례가 있기 때문에, 한 치의 망설임도 없이 답변을 해 드릴 수 있다.

“물론입니다. 70대 어르신도 양 페이지 리딩을 하신 사례가 있습니다. 그리고 30대부터 60대가 수강생이 가장 많은 연령층입니다.”

전국에서 독서 고수들이
초고수에게 오다

퀀텀독서법 수업에는 독서 초보자들만 주로 오는 것이 아니다. 사실 10년 이상 지방에서 독서법 수업을 가르쳐 온 독서 고수들, 독서법 전문가들이 퀀텀독서법 수업에 참여하는 경우가 많았다. 필자도 놀랐다.

왜 독서 고수들, 독서법 전문가들, 독서법을 가르쳐서 수익을 창출하시는 분들, 즉 독서법 프로들, 독서법 코치들이 퀀텀독서법 수업에 참여하는 것일까?

부산에서 10년 이상 독서법을 가르친 김○○ 코치의 경우를 이야기해 보겠다. 숭실대학교에서 4주 과정으로 독서법 특강을 한 적이 있다. 4주 동안 매주 1회, 3시간씩 독서법 수업을 하는 과정이었다.

전국에서 50명이 참여 신청을 했다. 열기와 열정, 독서법이 정말 대단한 50명의 고수들이 모인 것이다. 독서는 무엇인지? 어떻게 하는 것이 효과적인지? 왜 효과적인 독서법이 퀀텀독서법인지? 독서의 본질은 무엇인지? 인간의 눈은 어떻게 작용하고, 뇌는 어떻게 작용하는지? 눈으로 하는 독서와 뇌로 하는 독서는 어떻게 왜 무엇이 다른지? 독서의 메커니즘은 어떤 것인지? 퀀텀독서법이 추구하는 새로운 혁신적인 독서의 메커니즘은 무엇인지? 정통적인 독서의 기술, 독서법이 어떤 점에서 비효율적인지? 새로운 혁신적인 독서의 기술은 기존 독서법과 무엇이 다른지? 일본의 속독법과 미국의 포토 리딩과 퀀텀독서법은 무엇이, 왜, 어떤 방식으로 다른지? 인류 역사상 최고의 독서법은 무엇인지? — 등 독서와 독서법에 관한 모든 것을 3시간씩, 4주 동안 열강했다.

그 열기는 뜨거웠다. 평생 독서법을 타인에게 돈을 받고 가르쳐 왔던 분들이 자신이 돈을 내고 독서법을 배우게 될 줄은 상상도 하지 못했기 때문이다. 매주 수업이 끝나면, 저녁 식사를 함께 하면서 독서와 독서법에 대해서 뜨거운 토론을 하기도 했다.

그러던 중 3주 차 수업 시간에 놀라운, 믿기 힘든 일이 벌어졌다. 부산에서 10년 이상 독서법을 가르쳐온 김○○ 독서법 선생이 손을 들고, 놀라운 이야기를 하는 것이었다.

"저는 부산에서 독서법을 가르치는 김○○입니다. 10년 이상 독서법을 돈 받고 가르쳐 왔지만, 정작 저의 독서 수준은 어느 지점에서 정체가 와서, 10년 이상 그 자리에 머물고 있었습니다. 너무 답답하고 힘들었는데, 이런 독서법 특강이 있다는 이야기를 듣고 망설임 없이, 바로 신청하게 되었습니다. 기대반 의심반으로 수업에 참여하였고, 부산에서 매주 서울로 오게 되었습니다. 3주 차 수업을 하기 직전인 어제, 저는 원 페이지를 한 번에 읽을 수 있게 되었습니다. 10년 이상 정체된 저의 독서 수준이 한 단계 도약하게 되었습니다. 너무너무 기쁘고, 김병완 작가님께 감사를 드립니다. 부산에서 서울까지 올라온다는 것이 힘든 일이었지만, 10년 동안 제가 혼자서 해 내지 못한 것을 단 3주 만에 돌파구를 찾은 기분이라서 너무나 기쁘고, 감사합니다."

필자도 이 이야기를 듣고 너무나 놀랐다. 독서법을 10년 이상 가르쳐 온 독서법 전문가라는 사실에 놀랐다. 사실 원 페이지를 한 번에 읽게 되었다는 것은 놀랍지 않았다. 얼마전 독서법 수업에서 이미 수강생 중 몇 분이 원 페이지 리딩을 하게 되었다는 사실을 접하고 난 뒤라서 충분히 내성이 생겼기 때문이다. 하지만 기쁨은 똑같았다.

더 놀라운 사실은 그 이후 알게 되었다. 수업에 참여하신 많은 분들이 자신도 원 페이지 리딩이 가능해졌다고 손을 들고 발표하는 것이었다.

이 수업은 사실 퀀텀독서법 수업이 아니라, 이론 수업만 있는 독서법 특강이었다. 이론만 강의하는 특강에서 원 페이지 리더가 탄생하는 것이 과연 가능할까? 그리고 그 이유는 무엇일까? 그것은 바로 독서법에 대한 패러다임을 바꾸어 놓았기 때문이다. 독서하는 방법, 접근법에 대한 패러다임을 바꾸어 놓으면 독서하는 수준과 차원이 전혀 달라지기 때문이다.

숭실대학교에서 했던 독서법 특강은 지금의 퀀텀독서법 수업이 체계화되고 정규화되는 데 큰 몫을 했다. 필자도 자신감이 많이 생겼고, 어떻게 수업을 진행하면 더 효과적인지를 계속해서 배워나가게 되었고, 경험과 스킬이 축적되기 시작했다. 그 결과 체계적이고 효과적인 독서법 수업이 정식으로 운영되기 시작했다.

소문만으로 문전성시를 이루다

아직 칼리지의 체계가 잡히기 전이라서 홍보나 마케팅을 할 수 있는 인력이 단 한 명도 없었는데도 독서법 수업에 사람들이 몰려들기 시작했다. 어떻게 알고 오는지, 사람들이 계속해서 수업에 참여 신청을 했다.

아마도 그 당시 필자의 책이 출간된 것이 큰 영향을 끼친 것 같다. 동시에 원 페이지 리딩을 하게 된 수강생들이 여기저기 소문도 냈던 것 같다. 수업에 참여했던 분들이 친구, 지인, 가족에게 자랑하게 되고, 그 이야기를 들은 분들은 궁금해서라도 수업에 참여하게 되는 경우가 많았다. LA에 살고 계신 교포 부부도 그런 경우였다. (이들 부부는 독서법 수업에 그치지 않고 책쓰기 수업도 들으셨다. ⇨ 160~161쪽 참고)

또 다른 이유는 기존의 속독법 학원에 만족을 하지 못했던 분들이, 새롭고 혁신적인 독서법 수업에 호기심을 가지게 되었기 때문인 것 같다. 그렇다. 퀀텀독서법 수업은 정말 새로운 독서법 수업이었고, 혁신적인 독서법 수업이었다.

기존의 속독법 학원은 눈 운동, 즉 시폭 확대 운동과 시지각 운동 등을 주로 많이 한다. 훈련 시간도 많아야 하고, 매일 오랫동안 해야 성과를 볼 수 있다. 그래서 끈기가 부족한 사람들은 쉽게 포기하게 되고, 성인 중에 속독 학원을 통해 속독에 성공하는 사람들의 비율이 현저히 낮다.

하지만 퀀텀독서법은 다르다. 많은 사람이 '속독법의 표절 아닌가요?'라고 의심을 하지만, 기존의 속독법과 비교해 보면, '처음부터 끝까지, 모든 것이 다르다.'는 사실을 알게 된다. 독서법의 훈련 방법과 원리가 전혀 다르기 때문이다.

기존의 속독법이 눈 중심인데 비해 퀀텀독서법은 눈 운동을 전혀 하지 않는다. 오히려 눈의 비중을 줄이기 위한 스킬도 있다. 퀀텀독서법은 눈이 아니라 뇌 운동 중심의 훈련을 하고, 눈이 아닌 뇌로 독서를 하도록 유도한다. 바로 이런 이유에서 기존의 속독법과 차원이 다른 것이라고 이야기하는 것이다.

속독법이 추구하는 독서의 속도는 5분에 1권이다. 하지만 퀀텀독서법은 그렇게 빠르지 않다. 한 시간에 한 권이기 때문이다. 한 시간에 한 권을 읽는 속도는 기존 속독법에 비하면 느린 책 읽기 속도이지만, 대한민국 성인들의 평균 책 읽기 속도에 비하면 다섯 배 정도 이상 빠른 속도이다.

퀀텀독서법의 특징

속독법	퀀텀독서법
안구 운동 중심	뇌 피트니스 운동
눈의 시점 이동 능력 향상	뇌의 순간 지각 능력 향상
눈의 시폭 확대 능력 향상	뇌의 집중 능력 향상
눈의 지각력 강화	뇌의 집중력 향상(몰입력 향상)
5분에 1권	1시간에 1권
1970년대 일본에서 시작	2017년 한국에서 시작
초중생·청소년 위주로 국지적으로 학원 운영	성인 위주로 실시
훈련 강도 높음	훈련 강도 낮음 / 효과는 극대화
10~20년 전에는 5분에 1권 읽는 속독 천재들 존재. TV에도 방영됨. 그러나 그들은 지금 어디에?	독서를 좀더 빨리 즐길 수 있게 된 독서혁명 수료생 수 8,000명 돌파! 독서강국 대한민국 실현이 목표

필자는 이렇게 생각한다.

너무 빠른 속도도, 너무 느린 속도도 효과적인 책 읽기에 좋지 않다. 한국인들의 평균 독서 속도는 너무 느린 경우다. 한 권의 책을 읽는 데, 너무 많은 시간과 노력이 필요하다. 이것은 너무 비효율적다. 이런 비효율적인 방식의 책 읽기에 많은 사람이 염증을 느꼈을 것이다.

- "좀 더 빨리, 좀 더 쉽게, 좀 더 편하게, 좀 더 잘 책을 읽는 방법은 없을까?"
- "책을 지금보다 훨씬 더 빨리, 잘 읽을 수 있는 새로운 독서법은 없을까?"
- "책 한 권을 읽는 데 너무 많은 시간과 노력이 필요한데, 다른 방법은 없을까?"
- "독서력이 형편없는데, 단기간에 도약하는 방법은 어디 없을까?"
- "도서관에 가면 읽고 싶은 책들이 너무나 많은데, 많은 양의 책을 읽어낼 수 있는 효과적인 독서법은 없을까? 어떻게 하면 집에 쌓여 있는 책들을 다 읽을 수 있을까?"

이런 고민을 하시는 분이 생각보다 많았다. 바로 이런 고민을 하시는 분들에게 퀀텀독서법 수업은 희소식이 되었을 것이다.

감사한 일은 제주도, 여수, 거제도, 창원, 부산, 광주 등 전국에 계신 분들이 독서법 수업에 참여하기 위해 김병완칼리지가 있는 서울로 매주 올라오신다는 사실이다. 모든 수강생들께 감사하지만, 그 중에서도 잊을 수 없는 분이 바로 제주도에서 할머니와 어머니, 그리고 자녀 두 명 — 이렇게 삼대에 걸쳐서 총 네 분의 수강생이 수업에 참여한 경우다.

서울 강남에서 오후 2시에 있는 수업에 참여하기 위해서는 제주도에서 몇 시에 일어나야 할까? 최소한 새벽 4시에 일어나 출발해야 한다. 정말 어마어마한 열정과 정성이 아니면 불가능한 일이 아닌가?

전국 각지에서 가족 단위로 수업에 참여하기 위해 주말마다 서울로 올라오시는 수강생들이 한두 명이 아니었다. 너무나 감사한 일이다. 자녀들이 퀀텀독서법 수업을 통해 책을 읽는 수준과 차원이 한두 단계 도약하게 되는 경우가 많았다. 이렇게 되면 자녀들이 공부하는 것이 훨씬 더 쉬워진다. 공부도 훨씬 잘할 수 있게 된다. 그래서 퀀텀독서법 수업에 참여한 것이 너무나 잘한 일이라고 하시는 분들이 많다. 이런 분들의 이런 이야기를 듣게 되면, 그것보다 더 행복하고 기쁜 일은 없다.

퀀텀독서법 수강생은 아니지만, 천안 지역의 모 초등학교 교장 선생님도 잊을 수 없는 분이다. 이 분은 퀀텀독서법 책을 읽고 혼자 연습했는데, 실제로 독서력이 서너 배 향상 되는 것을 체험하고 놀라워하셨다. 그 후로 퀀텀독서법 수업이 초등학교 정규 과목이 되어야 한다고 주장하시게 되었다. 이 분의 초청으로 초등학교에 가서 독서법 특강을 한 적도 있다.

미국에서 온 부부 수강생

퀀텀독서법 수강생 중에는 미국 LA에 살고 계신 교포 부부도 있다. LA에서 퀀텀명상센터를 운영하시면서, 미국 교사 자격증도 가지고 계셨다. 처음에는 반신반의하면서 수업에 참여하셨다.

그런데 남편 분은 1주 만에, 아내 분은 3주 만에 부부 동반으로 원 페이지 리딩이 모두 가능하게 되신 것이다. 필자도 너무 놀랐다. 친구나 가족이 동반 수강을 할 경우 한 명 정도가 원 페이지 리딩이 되는 경우는 많았지만, 이렇게 부부가 나란히 모두 원 페이지 리딩이 가능하게 된 것은 처음이었기 때문이다.

원 페이지 리딩이 모두 가능하게 된 부부는 독서법 수업에서 멈추지 않았다. 김병완칼리지에 대한 신뢰가 매우 높아져서 부부 동반으로 책쓰기 수업에 참여하셨고, 두 분 모두 출판사와 계약까지 하셨다. 너무나 기쁜 성과가 아닐 수 없었다.

부부 수강생 중 아내 분은 감사하게도, 수강생 후기 동영상까지 촬영해 주셨다. 그 영상은 유튜브 채널 '김병완TV'에서 볼 수 있다. 바쁘신 분들을 위해 인터뷰 내용을 소개하겠다.

"안녕하세요. 저는 한리나입니다.

미국에서 왔고요. 미국에서 지인으로부터 김병완칼리지의 퀀텀 리딩 수업이 좋다고 들어서 한달음에 미국에서 날아왔어요.

2주 전에 3주짜리 수강을 마쳤고요. 수강을 마친 뒤 일주일 후부터 원 페이지 리딩이 잘 되고 있습니다. 그래서 제가 평생 꿈꿔왔던 읽기 어렵던 책들도 쉽게 읽어가고 있습니다.

이렇게 좋은 퀀텀 리딩 수업을 여러분들에게 추천해드리고 싶어요. 여러분들이 이 수업을 듣게 되시면 정말 많은 책들을 읽게 되실 거고, 여러분들 삶에 정말 도움이 되실 겁니다.

정말로 강력하게 추천합니다."

퀀텀독서법 책 출간

퀀텀독서법에 대해 챗GPT에 물어보면 어떻게 대답할까? 챗GPT의 대답이 100% 정확하지는 않지만, 그래도 어느 정도 윤곽은 잡을 수 있다.

퀀텀독서법에 대해서 설명해 줄래?

챗GPT의 말 :

퀀텀독서법(Quantum Reading Method)은 김병완이 개발한 독서법으로, 한국에서 독자들이 자랑스럽게 여기는 국산 독서법입니다. 이독서법은 속독을 넘어, 책의 핵심을 빠르게 파악하고 내용을 깊이 이해하는 것을 목표로 하고 있습니다. 주된 특징을 정리하면 다음과 같습니다.

1. 속독 이상의 독서법 : 퀀텀독서법은 단순히 책을 빨리 읽는 데 그치지 않고, 내용을 더 잘 기억하고 실생활에 적용할 수 있도록 돕습니다. 핵심은 책의 중요한 부분을 빠르게 파악하고 깊이 이해하는 것입니다.

2. 뇌의 잠재력을 활용 : 김병완은 퀀텀독서법을 통해 뇌의 잠재력을 최대한 활용해 독서 능력을 극대화할 수 있다고 강조합니다. 이 방법을 사용하면 짧은 시간 내에 더 많은 정보를 습득하고 효과적으로 기억할 수 있습니다.

3. K-독서법 : 퀀텀독서법은 '국민 독서법'으로 불리며, 대한민국에서 고유하게 발전된 독서법입니다. 한국에서 자부심을 가지고 사용되며, 'K-독서법'이라는 별칭으로도 불립니다.

4. 교육적 성과 : 이 독서법은 약 8,000명 이상의 성인들에게 가르쳐졌으며, 이는 대한민국에서 유일무이한 기록입니다. 자기 계발과 독서 능력을 향상시키고자 하는 많은 사람들이 퀀텀독서법을 통해 큰 도움을 받았습니다.

5. 김병완의 성과 : 김병완은 이 독서법을 통해 3년 동안 만 권의 책을 읽었으며, 그 후 10년 동안 100권의 책을 출간하는 성과를 이루었

습니다. 이 경험을 바탕으로 퀀텀독서법을 체계화하고 널리 알렸습니다.

이 독서법은 단순히 속독을 넘어, 독서의 질을 높이고 이를 통해 개인의 성장과 지적 성장을 촉진하는 독서법으로 많은 사람들에게 사랑받고 있습니다.

퀀텀독서법 수업은 2014년 3월 1일부터 시작되었다. 수업을 하면서 계속 체계화시키고, 정규화시키면서 발전을 거듭했다. 기수마다 수강생들의 의견을 적극 반영하여, 독서법 수업을 더 강력하고 효과적으로 만들기 위해 혁신에 혁신을 거듭했다.

그 결과 수강생의 만족도와 성과는 극대화되었다. 2015년 3월부터 2017년 3월까지가 제2의 도약기이자 첫 번째 전성기였다. 많은 분들이 수업에 참여했고, 독서 고수로 도약했다. 놀라운 점은 보통 수업은 책을 통해 홍보되고 나서 전성기를 맞이하는데, 퀀텀독서법은 순서가 달랐다는 것이다.

먼저 수업을 5년 정도 하면서 수업이 극대화되고 체계화되고 정규화된 다음에, 즉 이미 많은 분이 수업에 참여한 후에 퀀텀독서법 책이 출간되었기 때문이다.

퀀텀독서법 책은 2017년 3월 31일 출간되었다. 출간되자마자 퀀텀독서법 책은 호불호가 갈리면서도 독서법 책으로는 유일무이하게 자기 계발 1위를 한 달 반 동안 차지했고, 그 후로도 지금까지 스테디셀러를 계속해서 유지하고 있다.

퀀텀독서법 책이 출간되자, 이 책을 읽고 독서법 수업에 참여하시는 분들이 훨씬 더 많아졌다. 책이 출간되기 전보다 서너 배 이상 수강생이 몰려들었다. 퀀텀독서법 책이 베스트셀러가 되자, 김병완칼리지가 덩달아 홍보가 되었다.

책 한 권의 위력은 대단했다. 이 정도일 줄은 몰랐다. 김병완칼리지는 책쓰기 수업을 하는 곳이었다. 하지만 퀀텀독서법 책의 홍보 효과 덕분에 책쓰기와 함께 독서법 수업을 하는 곳으로 바뀌었다.

책쓰기 수업이 메인이었고, 독서법 수업은 책쓰기 수업에 참여하신 분들에게 서비스해 드리는 차원으로 생각했다. 하지만 퀀텀독서법 책이 출간되고 나서는 책쓰기 수업과 독서법 수업의 비중과 역할이 바뀌었다. 독서법 수업이 더 큰 비중을 차지하게 되었다. 상상도 할 수 없었던 일이었다.

드디어 수강생 8,000명

3년 만 권 독서가이고, 10년 백 권 저술가이자 자기 계발 1위 작가이고, 10년 800명을 작가 배출시킨 책쓰기 코치이지만, 필자가 가장 자랑스럽게 생각하는 것은 따로 있다. 그것은 바로 '10년 8천 명 독서천재 양성, 독서의 신 양성 독서법 멘토'라는 말이다.

독서 후진국이었던 대한민국에서 한국인들에게 독서법을 가르쳐주는 독서법 멘토로서의 10년 동안의 삶은 전혀 호락호락하지 않았다. 일단은 색안경을 끼고 보는 사람들 때문이고, 두 번째는 극소수의 속독법 학원의 관계자분들과 독서법 전문가들 때문이다.

퀀텀독서법 수업은 대한민국에서 유일무이한, 8천 명이 수강한 독서법 수업이다. 역사상 이런 독서법 수업은 전무후무하다고 할 수 있다. 미국에서도, 제주도에서도 건너와서 서울 강남에서 직접 듣는 수업으로도 유명하다.

그 이유는 무엇일까? 퀀텀독서법 수업이 과연 어떻길래 2015년 메르스 때도, 2020년 코로나 때도 멈추지 않고, 꾸준히 수강생들이 전국에서, 미국에서도 몰려오는 것일까? 그 비결은 한 마디로 수강생들의 입소문에 있다.

많은 분이 퀀텀독서법 책에 대해서 오해하는 부분이 있다. 『1시간에 1권 퀀텀독서법』이란 책은 김병완칼리지에서 하는 독서법 수업의 홍보용으로, 실제 스킬이나 훈련은 맛보기로 한두 개만 책 속에 넣었을 것이라고 속단하고 비난하고 헐뜯는 사람들이 많았다.

하지만 퀀텀독서법 책에는 분명히 김병완칼리지의 독서법 수업의 모든 훈련과 스킬이 하나도 빠짐없이 다 담겨 있고, 심지어 체계적으로 훈련하는 방법과 설명도 다 들어있다. 독해력과 독서력이 좋다면 독학을 해도 충분히 성과를 볼 수 있다. 하지만 독학하는 것과 실제로 수업에 참여하는 것은 하늘과 땅 차이의 격차가 생긴다.

그 이유는 무엇일까? 한 마디로 시너지 효과다. 그리고 이론 수업에서 필자의 강의를 통해 의식 혁명, 사고의 틀이 전환되기 때문에, 혁명적인 원 페이지 리딩을 달성하는 원 페이지 리더들은 물론 양페이지 리더들도 속출한다.

퀀텀독서법 수업을 통해 바뀐 것이 하나 있다. 그것은 원 페이지 리딩을 할 수 있는 독서의 신, 독서의 천재들이 수십 명에서, 많게는 수백 명까지 현존하는 유일한 나라가 있는데, 그것은 바로 일본도 아니고, 중국도 아니고, 미국도 아니고, 영국도 아닌, 작은 나라이지만 위대한 나라, 코리아라는 것이다.

한국은 불과 10년 전에는 독서 천재들이 많지 않았다. 실제로 원 페이지를 한번에 보고 읽고 이해하는 원 페이지 리더들은 거의 존재하지 않았고, 이것은 다른 나라도 마찬가지였다. 하지만 불과 10년 만에 원 페이지 리더들이 적게는 수십 명, 많게는 수백 명이 존재하는 독서 천재들의 나라, 독서 최강국으로 발돋움했다.

물론 독서 천재들이 수십 명에서 수백 명 배출되었다고 해서 국민들의 전체 독서력이 달라지는 것은 아니다. 하지만 국민 중 오천 명 정도의 독서 능력이 최소 세 배 이상, 많게는 수십, 수백 배 향상되는 나라가 되었다. 바로 퀀텀독서법의 성과다.

원 페이지를 한번에 보고 다 이해하면서 독서하는 사람들은 동양 고전에 몇 명 나온다. 우리 선조 중에는 몇몇 분이 계셨다, 퀀텀독서법 수업에 오면 가끔 이야기하지만, 자주 하지는 않는다. 원 페이지 리딩을 할 수 있느냐 없느냐는 별로 중요하지 않기 때문이다. 자기 독서력이 단 2~3주 만에 세 배 이상 향상되어, 수업 전보다 수업 후에 독서가 훨씬 더 빠르고, 쉽고, 재미있고, 깊어지고, 넓어지게 되는 것이 가장 큰 유익이기 때문이다.

수강생분들 중에 많은 분들이 퀀텀독서법이 초등학교 교과목에 들어가야 한다고 주장하기도 한다. 나도 그렇게 되었으면 너무 좋겠다. 그렇게 되기 위해서는 퀀텀독서법 수강생들이 8천 명을 넘어 만 명이 되는 그날이 와야 할 것 같다.

다음은 경상일보(2024.1.8자)에 실린, 김병완칼리지에 관한 기사 내용이다.

김병완칼리지 독서법 학교, 교육생 8,000명 돌파

독서법을 전문적이고 체계적으로 교육하는 '김병완칼리지 책쓰기 독서법 학교'가 교육생 누적 8,000명을 돌파했다. 김병완칼리지 책쓰기 독서법 학교는 독서법 교육과 책쓰기 수업을 전문적으로 10년 동안 해오고 있는 곳이다. 지금까지 대한민국 성인 8,000명이 수강하고 배운 독서법 학교이다.

김병완칼리지 독서법 학교의 교장인 김병완 작가는 대한민국 독서법 전문가로 3년 1만 권 독서로만 유명한 것이 아니라 10만 명이 열광한 도서 퀀텀독서법 저자, 창안자로도 유명하다. 그는 삼성전자에서 휴대폰 연구원으로 10년 이상 재직한 후, 퇴사를 결정하고, 도서관 생활을 시작하여 3년 동안 1,000일 독서를 실천하여 인생을 바꾸었다. 그는 10년 100권 출간 작가 및 자기 계발 1위 베스트셀러 작가, 10년

800명 작가 배출 책쓰기 코치로도 왕성하게 활동하고 있다.

김병완칼리지는 책쓰기 학교로도 유명하다. 김병완 작가가 다년간 쌓아온 책쓰기 노하우를 수강생들에게 직접 코칭하고 있다. 고명환 씨, 최형만씨 등 유명한 연예인도 참여하여 작가가 되었으며 10년 동안 각계각층의 사람들 800명을 작가로 배출시킨 내공과 경험이 있는 책쓰기 프로그램이다.

또한 책쓰기 수업을 통해 생소한 주제와 소재를 가지고 책을 쓰려는 수강생에게 본인의 콘텐츠에 적용이 가능한 섬세한 가이드와 코치를 해주고 있다. 책쓰기 수업은 누구나 흉내 낼 수 있지만 그 성과와 내공은 아무도 흉내 낼 수 없다는 사실을 수업의 성과로 증명하고 있다.

퀀텀독서법 수업이 갖는 의미는 이것이다. 대한민국에서 유일하게 성인 8,000명이 참여한 독서법 수업이다. 성인 8,000명이 참여한 독서법 수업은 퀀텀독서법이 독보적이고 유일하다. 그래서 '국민독서법'이라고 하는 것이다. 한국인이 만들고, 한국에서 탄생했고, 한국인이 가장 많이 참여하고 배운 독서법 수업이기 때문에 'K-독서법'이라고도 할 수 있다.

퀀텀독서법은 여기서 안주하지 않는다. 이제 전 세계를 목표로 달리고 있다. 그것이 바로 '5년 100개 도시 프로젝트'다. 이것은 퀀텀독서법 수업을 향후 5년 안에 전 세계 100개 도시에 전파하는 것을 목표로 하는 프로젝트다. 전 세계 100개 도시에서 한국인이 만든 독서법 수업이 진행되는 것은 상상만 해도 너무나 기쁜 일이 아닌가.

대한민국 국민 8,000명이 수강한 독서법 수업의 의미는 왜 남다를까? 그것은 여기가 일본이 아니라 한국이기 때문이다. 일본인들은 조금만 효과가 있으면, 누구보다 빨리 받아들이고 자신의 것으로 한다. 이것이 일본인들의 장점 중의 하나인지도 모른다. 한국인들은 독서법의 필요성에 대해서 자각하지 못하고 있다. 독서법이라고 하면 공부의 보조 수단 정도로 치부해 버린다.

한국인들은 세계에서 가장 우수한 국민 중 하나다. 장점이 너무나 많다. 하지만 단점도 물론 있다. 그 단점 중의 하나가 왜 독서하는 법, 책 읽는 방법을 배워야 하는지를 자각하지 못하는 사람이 너무 많다는 점이다. 독서는 글자를 읽을 수 있는 사람이면 누구나다 할 수 있는 것으로 착각한다. '글자를 읽을 수 있는 것'을 책을 읽는 것과 동일시한다. 이것은 너무나 큰 오판이다.
글자를 읽을 수 있는 것과 책을 제대로 읽을 수 있는 것은 하늘과 땅 차이만큼 크다. 즉 초등학교를 나오는 것과 하버드대학교를 나오는 것의 차이 정도다. 초등학교와 하버드대학교는 똑같은 학교다. 하지만 초등학교와 하버드대학교는 수준과 차원이 다르다. 이처럼 글자를 읽을 수 있는 것과 책을 제대로 읽어낼 수 있는 것은,

같은 사람이지만 유아와 성인처럼 큰 차이가 있다. 그런데 이런 사실을 한국인들은 잘 모른다. 아니 독서하는 법을 배워야 한다는 사실을 모를 뿐만 아니라, 독서하는 방법을 무시한다. 그것은 학생들이나 청소년들에게 필요한 것으로 생각한다. 이것이 가장 큰 착각이다.

독서하는 법을 정작 배워야 할 부류는 청소년이나 학생이 아니다. 그것은 바로 부모님들, 성인들이다. 책을 읽고 인생을 바꿔야 하는 사람, 책을 읽고 인생을 바꿀 수 있는 사람은 학생들이 아니라 부모들, 성인들이기 때문이다. 필자가 그중에 한 명이다. 책을 읽고 인생을 바꾸었기 때문이다. 직장인들은 상상도 하지 못하는 그런 인생을 살고 있기 때문이다.

필자가 책을 읽고 인생을 바꿀 수 있었던 결정적 이유는 강력하고 효과적인 독서법을 하루 종일 책만 읽으면서 터득했기 때문이다. 필자는 한 가정의 가장으로 돈을 벌지 않고, 도서관에서 하루 종일 책만 읽으면서, 독서법을 연습하고 훈련해서, 제대로 책을 읽을 수 있는 수준으로 도약하고, 독서법을 터득하는 데 꼬박 1년 이상 걸렸다.

다른 사람의 경우 1년 정도 도서관에서 책만 읽었다면 그걸로 만족하고, 어느 정도 책을 읽었다고 생각하고 하산(?)할지도 모른다. 하지만 필자는 1년 이상의 시간을 들여 강력하고 효과적인 독서의 기술을 터득한 후, 그때부터 비로소 제대로 된 독서를 하기 시작했다. 많은 사람이 필자가 '3년 1만 권 독서'를 했다고 말하면, 1년에 3,000권씩 3년 동안 읽었을 것이라고 막연히 생각할지도 모른다. 하지만 필자는 거의 모든 책을 마지막 3년 차에 다 읽었다. 독서도 하나의 기술이기 때문이다. 독서의 내공과 실력, 즉 독서력이 임계점을 돌파하는 순간 하루에 열 권, 스무 권도 읽을 수 있게 되었기 때문이다.

필자는 하루 종일 책만 읽을 수 있는 환경을 스스로 만들어 1~2년 이상을 책만 읽으면서 독서의 실력, 독서의 기술, 독서의 내공을 쌓았고, 처음 1년 동안은 정말 한심한 수준으로 밑 빠진 독에 물 붓기를 경험하고 또 경험하면서 좌절도 많이 했다. 그렇게 1년 이상 하고 나니 겨우 독서하는 법을 조금 터득하게 되었지만 밑도 끝도 없이 부족했다. 그러다가 2년 정도 도 닦는 마음으로 하고 나서야 비로소 독서 실력이 붙기 시작했고, 독서를 제대로 할 수 있게 되었다.

명심하라. 세상에 공짜는 없다. 독서를 100권 한 사람보다는 1,000권 한 사람이 분명 더 나은 인생을 살 수 있다. 독서를 1,000권 한 사람보다는 5,000권 한 사람이 확실히 더 수준 높은 인생과 비즈니스를 할 수 있다. 독서의 위력, 다독의 위력을 어떻게 무시할 수 있을 것인가? 다독을 무시해서 독서를 하지 않는 사람은 타인과 세상으로부터 무시당할지도 모른다. 세상은 생각보다 정확하고, 자신에게서 나간 것이 반드시 되돌아오기 때문이다.

제5장

책쓰기·독서법에 대해
내가 하고 싶은 말들

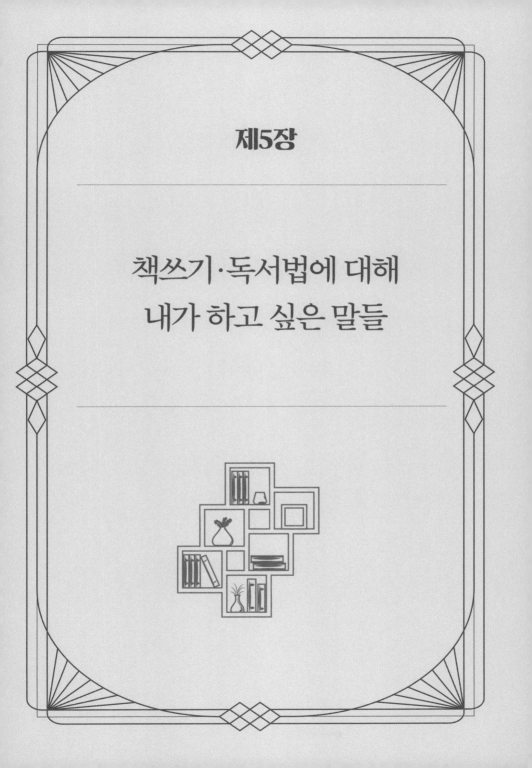

"인간이 자연에게서 거저 얻지 않고 스스로의 정신으로 만들어 낸 수많은 세계 중 가장 위대한 것은 책의 세계다."

— 헤르만 헤세

"한 권의 좋은 책은 위대한 정신의 귀중한 활력소이고, 삶을 초월하여 보존하려고 방부 처리해 둔 보물이다."

— 존 밀턴

책쓰기는 인생 최고의 도전이며 혁명이다

책쓰기는 이 세상 그 어떤 행위보다도 극적인 인생 혁명이다. 책쓰기를 통해 인생을 가장 극적으로 변화시킨 사람이 있다면 그는 바로 사마천이다.

사마천은 47세의 나이에, 적에게 투항한 이릉 장군을 홀로 변호하다가 황제의 미움을 받아, 하루아침에 사형 선고를 받은 인물이다. 그 당시 사형 선고를 받은 사람은 세 가지 중 하나를 선택해야 했다.

첫 번째 선택은 오십만 냥을 내고 감형을 받는 것이다. 이것은 부자들만 할 수 있는 선택이기도 하다. 평범한 서민이나 평민은 절대 할 수 없다. 두 번째 선택은 스스로 죽음을 선택해서 죽는 것이다. 이렇게 죽음을 선택하게 되면, 최소한 모욕을 덜 당할 수 있다. 사형을 받은 죄수 중에 죽음을 선택한 경우가 많은 이유다. 세 번째 선택은 인간으로서 가장 치욕스러운, 생식기를 잘라내는 형벌인 궁형을 받는 것이다.

궁형을 당하게 되면, 더는 예전의 자신으로 되돌아갈 수 없다. 그 고통과 아픔, 분노와 울분, 수치와 모욕은 당해보지 않은 사람은 도저히 상상도 할 수 없는 것이기 때문이다. 인간으로서 가장 치욕스러운 궁형을 당한 이후 사마천의 삶은 어땠을까? 사마천은 왜 자살을 선택하지 않고 궁형을 택했을까? 왜 구차한 목숨을 유지하려고 했을까?

사마천은 하루에도 아홉 번이나 창자가 뒤틀리는 고통을 겪었다는 것을 그가 친구 임안에게 보낸 편지 『보임안서』에 쓴 내용을 보면 알 수 있다.

"창자가 하루에도 아홉 번이나 뒤틀렸다. 집에 있으면 멍하니 정신이 나간 듯하고 밖에 나가면 어디로 가야 할지 갈피를 잡지 못했다. 치욕을 떠올릴 때마다 땀이 등골에서 나서 옷을 적시기 일쑤였다."

사마천은 궁형을 당한 후 자신의 처지를 이렇게 말했다.

"저는 부끄럽게도 사내구실을 하지 못하는 반신불수가 되어 무엇을 하려고 해도 남의 웃음거리가 된다는 것을 뻔히 알기 때문에 실행을 못하고 있습니다. 그런 까닭에 선비에게 있어 가장 불행한 경우란 이익에 사로잡히는 것이며 고통이란 마음에 상처를 입는 것이라고 사료됩니다. 가장 추잡한 행동이란 조상의 이름을 더럽히는 것이며 치욕 중에 으뜸은 저같이 궁형을 받는 것입니다. 궁형을 받은 자를 인간 취급하지 않는 것은 오늘날뿐만 아니고 까마득한 옛날부터 내려오는 전통입니다. 비록 제가 다시 사서를 쓰고 있지만, 천하의 인재로 등용될 수도 없고 전장에 나가 적의 목을 쳐서 공훈을 세울 수도 없는 하찮은 미물이나 다를 바 없습니다. 물동이를 머리에 얹으면 하늘을 볼 수 없습니다. 저는 어려서부터 친구와의 교제나 집안의 사사로운 일마저 내던지고 오로지 사서 집필에만 전력을 쏟았습니다. 그러나 예측하지 못했던 친구 이릉_{李陵} 사건에 연루되어 이 고초를 당하게 되어 인간 취급을 받지 못하고 있습니다."

– 사마천,『보임안서』

 무엇을 해도 남의 웃음거리가 되고, 하찮은 미물과 다를 바 없고, 인간 취급을 받지 못하는 존재라고 자신의 처지를 말했다. 그런데 왜 자살을 하지 않았을까? 그 이유는 바로 이것이다.

"제가 수치스러움을 참고 견디는 이유는 저의 숙원사업 하나
를 이루기 위해서입니다."

- 사마천, 『보임안서』

사마천은 자신에게 일어난 비극과 고통을 책쓰기로 전화위복시
킨 인물이다. 사마천이 책쓰기를 하지 않았다면, 궁형 이후의 삶은
정말 비참했을 것이다. 하지만 인간에게 가장 수치스러운 궁형을
당했음에도 책을 쓰는 사람의 인생은 눈부시고, 그 미래는 희망적
이다. 책쓰기가 가져다주는 위력 때문이다. 이것이 책쓰기가 주는
선물이 아니고 무엇인가?

"책쓰기는 인생의 패배자를 위대한 승리자로 만들어준다. 책
쓰기는 세상의 성공이나 부귀영화가 줄 수 없는 최고의 희열
과 위안을 준다. 책쓰기를 하면, 그 어떤 최악의 상황에서도
다시 일어날 수 있다. 책쓰기를 하면 그 어떤 고통과 수치도
떨쳐낼 수 있다. 책쓰기를 하면 그 어떤 아픔도 극복할 수 있
다. 책쓰기는 인생 최고의 위안을 주기 때문이다."

- 김병완, 『책쓰기의 10가지 선물』

책쓰기는 내면에 상처와 아픔, 울분과 고통이 있는 사람에게도
가장 좋은 해결책이다. 위대한 고전의 저자들이 울분이 맺혀 그것
을 발산시킬 수 없었을 때, 책쓰기는 유일무이한 돌파구가 되어

주었다. 이런 사실을 우리는 『사기열전』에서 쉽게 찾아볼 수 있다.

> "옛날 사백은 유리에 갇혀 있으므로 『주역』을 풀이했고, 공자는 진나라와 채나라에서 고난을 겪었기 때문에 『춘추』를 지었으며, 굴원은 쫓겨나는 신세가 되어 『이소』를 지었고, 좌구명은 눈이 멀어 『국어』를 남겼다.
> 손자는 다리가 잘림으로써 『병법』을 논했고, 한비자는 진나라에 갇혀 『세난』과 『고분』을 남겼다. 『시』 300편은 대체로 현인과 성인이 발분하여 지은 것이다. 이런 사람들은 모두 마음속에 울분이 맺혀 있는데 그것을 발산시킬 수 없기 때문에 지나간 일을 서술하여 앞으로 다가올 일을 생각한 것이다."
>
> – 사마천, 『사기열전 2』

그렇다. 삶이 힘들고 어렵다면, 혼란스럽고 뒤죽박죽이라면, 최악의 상황까지 몰락했다면, 더는 재기할 힘도 없고 의욕도 없고 아무 생각도 없다면, 바로 그때 책쓰기를 시작하라. 책쓰기만큼 강렬한 위안도 없고, 돌파구도 없기 때문이다.

몽상가는 그저 꿈을 꾸지만, 작가는 그냥 책을 쓴다. 최초의 한 문장을 쓰고, 또 한 문장을 보태는 것, 이것이 바로 글쓰기며, 책쓰기다. 우리가 한 걸음 한 걸음 내디뎌서 저 높은 태산을 오를 수 있는 것과 같이, 책쓰기는 한 문장 한 문장을 작성하여 한 권의 책을 완성하는 것이다.

　책을 쓰는 것은 인생 최고의 도전이며, 혁명이다. 책쓰기만큼 강력하고 효과적인 성공 수단, 혁명 수단은 없기 때문이다. 오히려 책쓰기는 수단이 아니라 그 자체다. 바로 혁명이며, 성공이다.

> "인생을 바꾸는 것은 읽기뿐만 아니라 쓰기도 마찬가지다. 오히려 책쓰기는 읽기보다 열 배 더 강하다. 그러므로 책 읽기가 나를 성장시켰다면, 책쓰기는 내 인생을 송두리째 바꾸었다고 자신 있게 말할 수 있다."

　이 말은 필자의 책쓰기 도서 『김병완의 책쓰기 혁명』에 나오는 말이다. 우리가 책쓰기를 해야 하는 이유는 책쓰기가 우리 인생을 바꾸기 때문이다. 그뿐만 아니라 책쓰기는 우리를 성장시키고 강하게 만들어준다. 책쓰기는 또한 우리를 똑똑하게 만들어주고, 깊이와 넓이가 있는 인생 고수로 만들어준다. 책쓰기는 우리를 전문가로 도약시켜 주고, 마케팅의 귀재로 만들어준다.

　직장 생활 10년을 해 봤고, 책쓰기도 10년 이상을 해 봤다. 그렇다면 직장 생활이 더 좋을까, 책쓰기가 더 좋을까? 필자는 확실하게 대답할 수 있다. 책쓰기가 직장 생활보다 열 배 이상 더 낫다고 말이다.

"직장 생활 10년 하는 것보다 책쓰기 3년으로 인생이 더 바뀌었다."

"일 만 권의 책을 읽는 것보다 100권의 책을 직접 쓰는 것이 더 낫다."

인생은 유한하다는 점을 간과해서는 안 된다. 그래서 효율이 중요하다. 남들이 10년 동안 해서 성장하는 그 수준을 1년 만에 할 수 있는 사람은 장래가 매우 밝을 수밖에 없다. 그렇지만 남들과 다른 능력과 재주가 필요하다. 평범한 사람은 이것을 할 수가 없다. 하지만 하늘이 무너져도 솟아날 구멍은 있다고 했다. 그 구멍이 바로 책쓰기다.

책쓰기가 바로 그렇다. 10년 동안 독서를 하는 사람과 1년 동안 책쓰기를 하는 사람의 성장 속도와 폭이 비슷하다고 필자가 말한다면 믿어 줄 것인가? 믿는 자에게 복이 있다. 이 사실에 대해서 독자들은 다시 한번 곰곰이 생각해 보고, 판단해 봐야 한다.

당신이 오늘부터 책쓰기에 관심을 갖고 책쓰기에 도전해야 할 이유는 너무나 많고, 심지어 차고 넘친다. 아직도 책쓰기를 하지 않았다면 당신은 시대의 흐름을 놓친 사람이 분명하다. 지금 이 시대는 누구나 책을 읽는 시대가 아니다. 누구나 책을 읽는 시대는 이미 지나갔다. 이제는 누구나 책을 쓰는 시대다.

책을 쓰는 인류, 호모 스크립투스의 시대가 왔다

이제 시대가 많이 바뀌었다. 아니 새로운 시대가 왔다. 이제는 책 쓰기가 선택이 아닌 필수의 시대가 되었다. 누구나 책을 쓰는 시대 말이다. 필자는 이런 새로운 인류를 '호모 스크립투스Homo Scriptus' 라고 부른다. 책을 쓰는 인류를 의미한다.

그렇다. 당신도 호모 스크립투스다. 그러고 보면, 시대가 너무나 많이 변했다. 책쓰기와 관련해서 이 시대를 바라보면, 한 가지 사실을 깨닫게 된다. 그것은 바로 '인류 역사상 지금보다 책쓰기가 더 쉬운 시대는 단 한 번도 없었다.'라는 사실이다.

지금은 노트북이 있고, 인터넷이 있고, 챗GPT가 있어서 책을 쓰는 것이 너무나 쉽고 편해졌다. 그뿐만 아니라 지금, 이 시대만큼 평범한 사람들이 글을 자주, 매일, 많이 쓰는 시대는 일찍이 없었다. 즉 누구나 글을 쓰는 시대가 된 것이다.

　필자는 누구나 글을 쓰는 인류, 즉 새로운 인류가 몰려온다는 사실에 대해서 강연을 한 적이 있다. TED 강연이었는데, 그 강연의 주제가 바로 '누구나 글을 쓰는 시대, 새로운 미래, 새로운 인류가 몰려온다.'다.
　이 강연을 통해서 필자는 세계 최초로 새로운 인류를 정의했다. 그것은 한 마디로 '호모 스크립투스'다. '호모 스크립투스'란 말은 '글을 쓰는 인간'이라는 라틴어 말의 조합으로 필자가 처음으로 만든 말이다.
　그래서 이 단어를 세상에서 가장 먼저 사용한 사람은 필자다. 이런 단어와 이런 개념에 대해 말한 학자나 작가는 필자 이전에는 단한 명도 없었다. 필자가 새롭게 만든 개념이고 단어이기 때문이다. '호모 스크립투스'라는 신조어를 최초로 만든 사람이 필자라는 사실을 꼭 기억해 주면 좋을 것 같다.

　누구나 작가가 될 수 있는 시대가 오고 있고, 왜 지금, 이 시대를 살아가고 있는 우리들은 새로운 인류인 '호모 스크립투스'인지에 대해 강연했다.
　우리가 사는 시대의 인류가 트위터와 페이스북을 통해서 평범한 사람들이 매일 글을 쓰고 또 쓰는 그런 시대를 살아가고 있다는 사실에 주목한 결과, 인류 역사상 지금처럼 평범한 일반 시민들이 이

토록 열심히, 그리고 자주, 그리고 거의 매일 글을 쓰고 또 쓰는 시대는 없었다는 것을 발견하게 되었다. 과거에도 물론 일기를 쓰는 사람들은 있었다. 하지만 지금처럼 매일, 자주 글을 쓰고 또 쓰는 사람들이 많아진 시대는 없었다는 것이다.

과거 중세 시대 혹은 가까운 100년 전의 사람들에게 '당신은 작가가 될 수 있습니다.'라고 말한다면 그것은 거짓말에 가까울 것이다.

하지만 지금처럼 블로그나 페이스북이나 트위터에 자신이 직접 글을 쓰고 또 쓰는 신인류에게 '당신은 작가가 될 수 있습니다.'라고 말을 하는 것은 절대 거짓말이 아니다. 일상에서 그들이 해 온 것을 다만 종이책으로 전환만 시키면 책이 되기 때문이다.

이미 책 한 권 분량 이상의 글을 트위터나 블로그나 페이스북에 남긴 사람들이 적지 않다. 이 시대는 알게 모르게 작가가 되는 작가 수업을 평범한 사람들에게 시키고 있는 그런 시대다.

필자가 5년 전에 호모 스크립투스를 처음으로 언급하면서 출간한 책인 『누구나 작가가 되는 책쓰기 혁명의 시대』에 나오는 대목을 잠깐 살펴보자.

새로운 인류_호모 스크립투스^{Homo Scriptus}

인류의 진화 과정과 변화를 살펴보면 크게 다음과 같이 나누어진다.

능력 있는 인류라는 뜻으로 도구를 만들어 쓴 최초의 인간에 대한 이름으로 호모 하빌리스^{Home Habilis}라는 인류를 먼저 언급할 수 있다. 이 이름은 영국의 인류학자인 리키와 터바이어스, 네이피어 등이 이 인류의 화석을 발견했을 때 붙였다. 그다음이 직립원인直立猿人이란 의미인 호모 에렉투스^{Homo Erectus}이다. 그다음이 바로 호모 사피엔스 Homo Sapiens이며, 이 말은 '지혜가 있는 사람'이란 뜻이다. 생물학에서는 현생 인류를 가리키는 말이기도 하다.

이렇게 호모 하빌리스, 호모 에렉투스, 호모 사피엔스가 대표적인 인류를 지칭하며 변화 과정을 가장 잘 나타내는 말이라고 필자는 생각한다. 하지만 여기에 네덜란드의 역사학자 요한 하위징아는 놀이하는 인간이라는 호모 루덴스^{Homo Ludens}를 인류 지칭 용어의 리스트에 등재하고자 하면서, 자신의 저서인 『호모 루덴스』라는 책을 통해 제창했다.

이에 필자는 '글 쓰는 인간'이라는 의미의 호모 스크립투스^{Homo Scriptus}라는 인류 지칭 용어를 제창하고자 한다. 모든 인간의 행위를

'놀이'라는 측면에서 볼 수 있을지도 모른다. 하지만 어떤 사람들은 놀이라고 부르는 것을 품격이 떨어진다고 생각하기도 한다. 이러한 결론을 쉽게 내 버리고 이러한 의식을 가지고 있는 사람에게는 절대로 호모 루덴스라는 말을 할 수가 없을 것이다. 하지만 인류의 본질 속에는 거부할 수 없는 놀이적인 요소가 담겨 있다고 그는 주장한다. 결국 놀이라는 개념은 문화라는 개념으로 이어지기에 이 두 가지를 통합하려고 그는 이 책을 썼다고 말하기도 한다.

필자 역시 이와 다르지 않다. 인류가 알게 모르게 본질적으로 행동하는 SNS는 결국 글쓰기라는 문화를 부추기고 있고, 그것이 문화라는 개념으로 이어지게 해 준다. 그래서 문화 속에 글쓰기라는 인간만이 할 수 있는 고유한 행동 요소와 영향이 무용이나 노래, 연극, 스포츠 등과 같은 것들보다 점점 더 큰 비중을 차지하고 있다는 사실에 주목했다.

한 마디로 글쓰기는 이제 인류가 절대로 타인에 의해 금지되거나 자율적으로 스스로 멈출 수 없는 하나의 시대적 행동이 되었다. 과거에 인류가 두 발로 직립하는 것이 더 이상 멈추거나 금지할 수 없는 인간의 중요한 행동이 된 것처럼 이제는 글쓰기가 인류에게는 가장 중요하고, 가장 필요한 행동이 되어 가고 있는 것이다. 바로 이러한 이유에서 필자는 지금 이 시대와 가까운 미래의 인류를 지칭하는 용어로 호모 스크립투스, 즉 '글 쓰는 인간'이라는 명칭을 인류 지칭 용어의 리스트에 등재시키고자 하는 것이다.

그래서 이 책은 또한 과학적인 접근 방식을 통해 글 쓰는 인류에 대한 책이 아니라 인류의 삶의 모습과 현상들을 토대로 한 문화적인 접근 방식을 취하는 문화 인류학의 성격이 강한 책이라고 할 수 있다. 글쓰기는 이제 인류의 삶의 양식 중에서 절대로 생략하거나 멈출 수 없는 하나의 고유한 양식이 되어 버렸다.

생각해 보라. 과거 호모 에렉투스나 호모 하빌리스가 노트북이나 컴퓨터 혹은 스마트폰을 통해 블로그나 트위터, 페이스북에 글을 타이핑해서 올리는 일체의 행동들은 절대로 상상할 수도 없는 행동들이다. 하지만 지금 인류들에게 이러한 행동들은 밥을 먹고, 잠을 자고, 사랑을 나누고, 공부를 하고, 일을 하는 것을 제외하면 가장 많이 하는 행동이 되었다. 그뿐만 아니라 글을 쓰는 행동은 자기 자신을 표현하는 행동, 자신의 일을 알리는 행동, 자신의 인지도를 과시하는 행동, 타인과 소통하고 살아가는 행동으로 이어지게 되었다.

결과적으로 글쓰기는 결국 인간의 모든 행동과 이어지게 되는 것이다. 대통령은 글쓰기를 통해 국민들에게 발표할 자신의 생각을 정리하고 만든다. 기업의 리더나 조직의 수장들은 글쓰기를 통해 자신의 생각을 조직원들에게 알린다. 교사들과 학생들도, 일반인들도 글쓰기를 통해 자신의 생각을 표현하고, 자신의 인생과 삶과 일상을 표현한다. 그래서 이제 글쓰기는 삶의 수단이 되었고, 삶 그 자체가 되었다.

그렇다. 글쓰기는 이제 우리의 삶 그 자체가 되었다. 과거에는 천재들이나 뛰어난 사람만이 책을 썼다. 하지만 이제는 정말 평범한 모든 사람이 자기 생각과 아이디어를 글로 표현하고, 그것을 거침없이 세상에 내놓는 그런 시대가 된 것이다. 그것이 꼭 책이라는 형태일 필요는 없다. 블로그든, 페이스북이든 상관없다. 블로그와 페이스북에 쓴 글들을 모아서 종이에 인쇄해서 책의 형태로 만들면, 그것이 책이다.

왜 책쓰기를 하는 사람이
더 빨리 성공할까?

책쓰기는 압도적인 성공의 길을 열어준다. 왜 그럴까? 왜 책쓰기를 하는 사람이 더 빨리, 더 높게, 더 멀리 성공할 수 있는 것일까? 그것은 책쓰기를 하는 과정에서 발생하는 여러 가지 변화 때문이다. 책쓰기를 통해 자신의 이름으로 출간된 한 권의 책은 당신을 세상에 알려주는 좋은 홍보 도구이며, 마케팅 도구가 된다. 책쓰기를 통해 당신은 내적으로, 외적으로 상상도 할 수 없는 다양한 유익을 얻을 수 있다.

먼저 책을 쓰는 사람에게 생기는 내적 변화를 살펴보면 이렇다.

책을 쓰는 사람은 사고의 양과 질이 달라진다. 어제와 다른 사고, 어제와 다른 수준 높은 사고를 할 수 있게 된다. 이것은 어마어마한 변화다. 또한 책을 쓰는 사람은 표현력이 달라지고, 생각의 깊이도 달라진다.

책을 쓰면 많은 생각을 쉽고, 빨리, 잘 할 수 있게 된다. 생각하는 것이 왜 중요할까? 일본의 경영 구루인 오마에 겐이치가 한 말을 통해 생각의 중요성을 우리는 다시 생각해 볼 수 있을 것이다.

"남보다 2배 생각하는 사람은 10배의 수입을 올릴 수 있다. 3배를 생각하는 사람은 100배의 돈을 벌 수 있다."

책을 쓰게 되면 우리의 사고가 어떻게 변화하는지 좀 더 구체적으로 살펴보자. 세계적인 인지심리학자이자 신경과학자인 대니얼 J. 레비틴 교수가 쓴 책 『정리하는 뇌』를 보면, 우리 시대의 가장 큰 특징 중 하나는 정보의 홍수라고 한다. 2011년 기준 미국인이 하루에 처리해야 하는 정보량은 30년 전보다 5배나 많아졌다. 심지어 우리는 디지털 시대에 접어들었지만, 전문가나 회사가 하는 일을 대신하게 되는 경우가 급격하게 늘었다. 이것을 '그림자 노동 Shadow Work'이라고 부른다. 심지어 현대인들은 선택의 가지수가 기하급수적으로 늘어난 시대에 살고 있다.

이런 시대에 가장 필요한 능력은 무엇일까? 이 책의 저자인 레비틴 교수는 '범주화하는 능력'이라고 말한다. 즉 성공하는 사람과 못하는 사람의 차이는 범주화하는 능력에서 나온다고 한다. 범주화하는 능력은 세상의 모든 일에 구조를 부여하고, 그것을 다른 각도에서 재해석하여, 다양한 카테고리에 맞추어 넣는 능력이다. 이것은 또한 우리가 학습한다고 할 때에도 적용되는 개념이다. 즉 학습의 본질이라고 그는 말한다.

"인간은 지식을 즐기도록 만들어진 존재다. 특히 감각을 통해 들어오는 지식을 좋아한다. 우리는 이런 감각적 지식에 구조를 부여하고, 그것을 다른 각도에서 바라보며 다양한 신경 체계에 맞춰보려고 애쓰도록 만들어졌다. 이것이 학습의 본질이다."

- 대니얼 J. 레비틴, 『정리하는 뇌』

범주화하는 능력이 좋은 사람과 그렇지 못한 사람은 일을 할 때, 공부를 할 때 격차가 발생할 수밖에 없다고 한다. 뇌의 용량에는 한계가 있기 때문에, 범주화하지 않고 일을 하거나 공부를 하면 쉽게 산만해지고 혼란에 빠지지만, 범주화를 잘 하는 사람은 쉽게 어려운 일, 복잡한 일을 단순하게 만들어 버린다는 것이다.

그래서 누군가에는 어렵고 복잡한 일이고, 골치가 아프고 풀지 못하는 문제이지만, 범주화를 잘하는 이들에게는 쉽고 단순한 일이 되고, 풀 수 있는 문제가 되는 것이다. 책을 쓰는 과정을 통해 우리에게 내적으로 일어나는 변화를 구체적으로 설명하면 이렇다.

책을 쓰는 과정은 우리가 어떤 대상에 대하여, 지식과 경험을 토대로 구조를 부여하고, 그것을 저자와 독자의 시각으로 바라보게 하여, 다양한 각도에서 다양한 재해석을 하게 만들어, 새로운 아이디어나 개념에 맞추려고 노력하는 과정을 통해, 남들이 보지 못하는 통찰력을 얻게 되는 것이다. 세상의 모든 발견과 발명은 이런 과정을 통해 이루어졌다.

즉, 책을 쓰는 과정을 통해 작가 자신은 발명가가 되고, 창조자가 되고, 학자가 되고, 철학자가 되는 것이다. 책을 쓰는 과정을 통해 평범한 사람이 어떤 분야의 전문가가 될 수 있는 이유가 바로 이것이다.

책을 쓰는 사람에게 생기는 외적 변화는 더욱 크다. 책을 쓰면 세상이 먼저 당신을 다르게 바라보고, 다르게 인식한다. 평범한 백수, 무직자였던 필자가 독서법 책 한 권을 쓰자마자 세상은 독서법 전문가로 나를 바라보고, 인정해 주었다.

책을 쓰면 자신을 세상에 가장 효과적으로 알릴 수 있다. 이것이 엄청난 홍보, 마케팅이다. 아무리 좋은 상품을 만들었다고 해도 홍보나 마케팅이 잘 안 되면 세상 사람들이 알 수가 없다. 그래서 팔릴 리가 만무하다. 그래서 현대 경영학의 창시자인 피터 드러커도, 경영학의 구루인 세스 고딘도 마케팅의 중요성을 강조한 바 있다.

"비즈니스의 유일한 두 가지 기능은 마케팅과 혁신이다. 마케팅과 혁신만이 결과를 창출한다. 나머지는 모두 비용이다."

- 피터 드러커

"마케팅은 이제 모든 것이 되어야 한다. 이는 제품, 서비스, 회사 전체의 가치와 철학을 전달하는 방식이다."

- 세스 고딘

마케팅이 이렇게 중요하다. 아니 가장 중요하다. 그런데 책을 쓰게 되면 마케팅이 저절로 해결된다. 필자도 책의 마케팅 효과를 온몸으로 경험한 바 있다. 독서법 책이 출간되자마자 전국에서 강의 요청이 쇄도했고, 퀀텀독서법 책이 베스트셀러가 되자마자 수강생 수가 급증했다. 여러 명의 마케터가 1~2년 동안 열심히 일을 해도 안 되던 것이 베스트셀러가 되자마자 이루어졌다. 책의 홍보 효과가 엄청나다는 사실을 필자는 온 몸으로 겪게 되었다.

책을 쓰는 사람은 1인 기업가가 되고, 그 자체로 퍼스널 브랜딩이 시작되는 출발선에 서게 된다. 책을 출간함으로써 그 분야에서 전문가로 인정받고, 독자들과 관계를 형성할 수 있고, 권위자로 자리매김하게 된다. 책을 쓰는 것은 저자가 자신의 이름을 세상에 알리는 것이다. 이런 과정을 통해 저자는 자신을 브랜드화하게 되고 강연, 워크숍, 미디어 출연 등의 기회가 생기게 된다. 이것은 자신의 퍼스널 브랜딩을 강화한다.

책을 쓰는 사람은 또한 다양한 사업 기회를 창출할 수 있고, 지속 가능한 비즈니스 모델을 만들 수 있다. 책을 쓰는 사람은 1인 기업가로서 자신의 가치를 극대화할 수 있는 전략적 도구를 만드는 것이다.

책을 쓰는 사람이 1인 기업가로서 퍼스널 브랜딩의 출발선에 서게 된다는 구체적 사례를 챗GPT에 물어보면 어떻게 될까? 너무나 반가운 인물이 나와서 그대로 옮겨 본다.

"책을 쓰는 사람은 1인 기업가로서 퍼스널 브랜딩의 출발선에 서게 된다는 점을 좀 더 구체적인 사례를 들어 설명하겠다.

김미경 (동기부여 강연가, 베스트셀러 작가)

김미경은 책을 쓰기 전에는 강연자였지만, 책『꿈이 있는 사람은 늙지 않는다』를 출판하면서부터 강연자 이상의 퍼스널 브랜드를 확립하게 되었다. 이 책은 그녀의 생각과 삶의 경험을 녹여낸 자전적인 이야기로, 독자들에게 큰 호응을 얻었다. 출판 이후 그녀는 동기부여 분야에서 더 많은 강연 요청을 받았고, TV 출연 및 강연 프로그램 진행자로 발탁되었다. 책이 그녀의 퍼스널 브랜딩을 강화한 중요한 계기가 되었고, 그녀를 1인 기업가로서 더욱 성장시켰다. 이 책을 기반으로 한 온라인 강의, 세미나, 교육 프로그램을 통해 그녀는 다양한 수익 모델을 창출하며 독립적인 기업가로 자리 잡았다.

팀 페리스 (Tim Ferriss, 『The 4-Hour Workweek』의 저자)

팀 페리스는 책『The 4-Hour Workweek』를 출판하면서 전 세계적인 주목을 받기 시작했다. 이 책은 일과 삶의 균형, 효율적 시간 관리에 대한 혁신적인 아이디어를 제시하며 독자들에게 폭발적인 인기를 끌었다. 그는 이 책을 통해 퍼스널 브랜딩을 확고히 하였고, 이후 1인 기업가로서의 다양한 기회를 얻었다. 이 책의 성공을 기반으로 그는 팟캐스트, 세미나, 온라인 교육 플랫폼 등을 통해 다방면으로 활동 영역을 넓혔으며, 투자자로서도 활동하게 되었다. 책 출판을 통해 자신의 브랜드를 성공적으로 구축하고, 이를 기반으로 다양한 사업 기회를 창출해 1인 기업가로서의 입지를 다졌다.

오프라 윈프리 (Oprah Winfrey, 미디어 사업가)

오프라 윈프리는 미디어 분야에서 이미 잘 알려진 인물이었지만, 그녀의 Oprah's Book Club을 통해 책을 출판하고 추천함으로써 퍼스널 브랜딩을 강화했다. 오프라가 추천한 책은 거의 항상 베스트셀러가 되었고, 그녀 자신도 여러 권의 책을 출판하면서 자신의 경험과 인생철학을 공유했다. 그녀의 책은 단순한 출판을 넘어서 그녀의 가치관과 삶의 방식을 알리는 강력한 브랜딩 도구가 되었으며, 이를 통해 더 많은 강연, 이벤트, 그리고 미디어 출연의 기회를 얻었다. 책 출판은 그녀가 미디어 제국을 확장하는 데 기여한 핵심 요소 중 하나였다.

김병완 (베스트셀러 작가, 퀀텀독서법 창안자)

김병완은 삼성맨 출신으로, 처음 책을 쓰기 시작했을 때부터 1인 기업가로서의 길을 걷기 시작했다. 특히 퀀텀독서법을 창안하고 이를 책으로 출판하면서, 자신만의 독창적인 브랜딩을 확립했다. 이 책이 성공을 거두면서 그는 독서법 관련 강의, 워크숍, 세미나 등을 통해 지식을 전달하고 수익을 창출하는 퍼스널 브랜드로 자리매김하게 되었다. 그의 책은 단순히 독서 방법을 알려주는 것을 넘어, 독자들에게 자신의 가능성을 발견하고 실천하는 길을 제시하는 역할을 하며 그를 독서법 전문가로서 확실히 자리 잡게 했다.

유시민 (작가, 정치인)

유시민은 다양한 직업적 경험을 쌓았지만, 책 『나의 한국현대사』를 통해 대중과 깊이 소통하며 저자로서의 퍼스널 브랜딩을 강화했다. 이 책은 한국 현대사에 대한 그의 해석과 개인적 경험을 결합한 내용으로, 독자들 사이에서 큰 반향을 일으켰다. 출판 이후 유시민은 정치인이자 작가로서 뿐만 아니라, 지식인 브랜드로서 인정받았다. 이를 통해 방송 출연, 강연, 미디어 활동 등 다양한 기회를 얻게 되면서, 책 출판이 그의 퍼스널 브랜딩과 1인 기업가로서의 성공을 촉진한 사례로 볼 수 있다.”

책을 쓰는 행위는 단순한 출판을 넘어 저자 자신을 하나의 브랜드로 만들어주는 시작점이다. 책은 저자의 철학과 아이디어를 널리 알리는 강력한 도구이며, 이를 통해 저자는 전문가로서의 위치를 확립하고, 다양한 기회를 창출하는 1인 기업가로 발전하게 된다.

위대한 우리의 선조 _
두 명의 저술 대가들

우리 선조 중에 독서를 평생 엄청나게 했기 때문에 많은 양의 책을 저술한 분을 손꼽으라고 한다면 단연 혜강 최한기 선생이다.

혜강 최한기 선생은 평생 1,000여 권의 책을 저술하셨다. 놀랍지 않은가? 천여 권의 책을 읽지도 못한 사람이 수두룩한데, 이분은 천여 권의 책을 저술한 것이다.

조선 시대까지만 해도 우리 선조의 독서 내공과 책쓰기 수준은 세계 최강이었다. 그 이유는 오롯이 독서의 힘이다. 혜강 선생은 조선 시대 선비 중에서 가장 많은 양의 책을 읽으신 분이다. 독서하는 데 가장 많은 자기 재산을 투자한 분이 바로 혜강 선생이다. 책을 사들여서 읽는 데 자신의 온 생애와 가산을 아낌없이 바쳤다. 조선에서 가장 최신의 중국 서적은 어김없이 혜강 선생을 통해 조선에 알려질 정도였다.

그는 사실 조선 시대에 누구나 다 아는 책 수집광이었고, 독서광이었다. 조선 말 학자인 이건창이 쓴 『혜강 최공전』에 나오는 말을 살펴보면, 그가 얼마나 책을 좋아하는 사람인지 잘 알 수 있다.

"그의 집은 본래 부유하였다. 그는 좋은 책이 있다는 이야기를 들으면 돈을 아끼지 않고 사들여 읽었다. 읽고 난 후 시간이 지나면 헐값에 팔았다. 이를 안 나라의 서적상들이 앞다퉈 와서 사 갔다. 베이징 서점의 신간들이 우리나라에 들어오면 가장 먼저 혜강의 열람을 거쳤다. 이처럼 책을 구매하는 데 열정을 쏟는 그를 누군가가 너무 많은 돈을 쓴다고 탓하였다. 이에 대해 그는 '책 속의 사람이 지금 살고 있다면 천리를 불문하고 반드시 찾아갈 것이다. 그러나 나는 아무 수고도 없이 앉아서 그를 만날 수 있다. 책 구매에 돈을 많이 쓰지만, 먹을 것을 챙겨 그 사람을 찾아가는 먼 여행보다는 훨씬 낫다.'고 하였다."

그는 22살 때 이미 사마시에 급제하였지만, 벼슬에 뜻을 두지 않았다. 그는 오직 평생 책 읽기와 책쓰기에 전념했다. 부유한 집안 덕분에 그는 조선에서 가장 다양한 책을 보유하고, 가장 먼저 접하는 인물이 될 수 있었다. 물론 너무 많은 책을 사들였다. 심지어 청나라에서도 신간이 나오면 억만금을 주고서라도 사들일 정도였다.

평생 책만 사들인 것이 아니다. 그는 20대부터 평생 책을 집필하기도 했다. 그는 왜 천 권이 넘는 책을 집필했을까?

그 이유는 바로 남다른 저술에 대한 철학과 소신이 있었기 때문이다. 그것이 바로 '저술공덕著述功德'이다. 책을 쓰는 일은 덕을 쌓는 일, 즉 좋은 일이라고 그는 믿었다. 책을 쓰는 것은 세상을 밝게 하는 일이라는 것이 그의 저술에 대한 철학이었다. 얼마나 멋진가? 또한 그는 책은 세상의 많은 사람에도 도움이 되기 때문에, 책을 쓰는 일은 세상과 타인에게 큰 도움을 베푸는 일이라고 믿었다.

> "말로 남기면 가까이 있는 사람만 기뻐하는 데 비해 글로 남기면 먼 나라 사람도 즐겨 사용할 수 있다."

즉 저술공덕, 책을 쓰는 일은 세상과 타인을 돕는 행위, 세상을 밝게 하는 행위라는 것이 바로 혜강 최한기 선생이 책을 쓰고 또 쓴 이유이다.

우리 선조들의 저술 내공은 사실 세계 최고다. 지금도 보면, 각 분야에서 월드 클래스 수준으로 세계 1등을 하는 개인과 기업이 적지 않다. 올림픽만 봐도 한국인의 수준을 잘 알 수 있다. 축구에서도, 야구에서도, 골프에서도, 양궁에서도 너무나 많은 분야에서 월드 클래스 수준의 인물들이 있다. 하지만 조선 시대에는 세계 최고 수준의 저술가가 한두 명이 아니었다.

월드클래스 수준의 대표적인 인물 중 또다른 한 명이 바로 다산 정약용 선생이다. 다산 선생은 독서와 저술에 누구보다 큰 열정을 품고 오백 권의 책을 쓰셨다.

우리가 공자의 위편삼절韋編三絶[7]이라는 고사는 잘 알고 있지만, 오히려 자랑스러운 우리 선조인 다산 정약용 선생의 과골삼천踝骨三穿이라는 고사에 대해서는 잘 모르고 있다.

그는 귀양지에서 대략 20년 동안 저술에만 힘을 써서 과골, 즉 복사뼈에 세 번이나 구멍이 났다. 그래서 과골삼천이라는 말이 생겼다. 복사뼈에 구멍이 나는 것과 가죽 끈이 세 번 끊어지는 것, 어느 것이 더 위대한 것인가? 필자는 우리 선조인 다산의 손을 들어주고 싶다.

필자는 생각한다. 공부에 대한 열정만 있다고 해서 500여 권의 방대한 저술을 남길 수는 없다고 말이다. 다산 선생처럼 세상을 개혁하고, 세상을 좀 더 좋은 세상으로 만들려고 하는 의지가 반드시 있어야만 방대한 양의 저술을 할 수 있다고 말이다.

"다산의 사상을 가장 잘 드러냈다고 할 수 있는 『목민심서』는 그 자신의 경험과 유배지에서의 생생한 체험을 바탕으로

---

7) 공자가 『주역』을 즐겨 읽어 책의 가죽끈이 세 번이나 끊어졌다는 뜻으로, 책을 열심히 읽는 것을 가리키는 말.

지방 장관이 지켜야 할 준칙을 서술한 것이다. 전체 12개 항목으로 구성돼 있으며, 강진 유배 당시 완성한 것이다. 이 책은 당시 백성들의 살림살이를 더듬어 보는 데 귀한 자료가 되고 있다. 이 책을 본 외국인 학자가 '조선 후기의 정치가 썩은 것은 조선왕조로 본다면 불행한 일이었지만, 그로 말미암아 다산과 같은 학자가 나온 것은 다행한 일'이라고 말할 정도였다. 그만큼 당대 사회의 핵심을 제대로 꿰뚫고 있는 책이라 할 수 있다."

– 문효, 『조선의 글쟁이들』

유배지에서도 책 읽기와 책쓰기를 지속할 수 있었던 또 다른 원동력은 공부에 대한 남다른 시각이었다. 다산 선생은 공부를 무엇이라고 생각했을까? 공부를 출세의 수단으로 생각하지 않았다. 그는 공부를 이렇게 남다르게 생각했다.

"공부를 그저 출세의 수단으로만 여겨서는 공부도 잃고 나도 잃는다."

오히려 그는 공부를 사람이 세상에 나서 마땅히, 당연히, 반드시 해야만 하는 일로 생각했다.

"사람이 세상에 나서 책을 안 읽고(공부를 하지 않고) 무슨 일을 하겠는가?"

또한 그는 공부를 세상을 살아가면서 찾을 수 있는 가장 큰 보람으로 생각했다.

"백년도 못 되는 인생에 공부를 하지 않는다면 이 세상에 살다 간 보람을 어디서 찾겠는가?"

다산 선생에게 공부는 독서와 저술, 이 두 가지를 모두 말하는 것이었다. 그가 방대한 양의 저술을 할 수 있었을 뿐만 아니라 과학, 의학, 경제, 법학, 정치, 기술, 과학 등 다방면에 걸쳐 거중기 제작, 수원 화성 축조, 토지제도 개혁 등과 같은 업적을 이룰 수 있었던 가장 큰 원인은 방대한 양의 독서라고 할 수 있다.

생각해 보라. 자신의 학문적 열정과 독서에 대한 즐거움으로 방대한 양의 독서를 즐기는 사람들은 많다. 하지만 자신의 독서를 통해 세상과 타인을 좀 더 유익하게 해 주고, 세상을 더 좋은 세상으로 만들고, 많은 이들에게 실질적인 삶의 도움을 주기 위해 500권 이상의 저술을 하는 사람은 찾아보기 힘들다. 다산 정약용 선생의 저술에는 모두 이런 의미가 담겨 있다. 그의 대표적인 저술인 『목민심서牧民心書』, 『흠흠신서欽欽新書』, 『경세유표經世遺表』를 보면 이런 사실을 잘 알 수 있다.

백성들이 돌림병인 천연두 탓에 죽는 것을 보고, 종두를 직접 실험하고 관찰하여 저술한 의술서가 『마과회통麻科會通』이다. 백성들을 살리기 위해 쓴 책이다. 또한 민생을 안정시키고, 향상하기 위해 쓴 책이 바로 『목민심서』이다.

　『목민심서』는 한 마디로 지방관들이 백성을 다스릴 때 마음을 다하라는 책으로, 주된 내용은 부임관이 스스로 마음을 다스리고, 백성을 사랑하라는 내용으로 시작해서, 마지막에는 최종적으로 백성들이 굶지 않고 살도록 해주어야 한다는 내용으로 끝난다. 처음부터 끝까지 백성을 위한 관리들이 읽어야 할 내용이다. 결국 이 책도 백성들을 잘 다스려달라고 하는 애민을 위한 책인 것이다.

　다산이 조선 시대에 벌써, 백성들의 인권 보호를 위해 공정하게 법을 집행해 달라고 하기 위해서 쓴 책이 『흠흠신서』다. 여기서 '흠흠欽欽'은 삼가고 조심하라는 뜻으로, 살인사건과 같은 큰 사건을 대할 때 합리적이고 신중하게 처리하라는 의미를 담고 있다. 즉 백성들이 무고하게 처벌받지 않도록 하기 위함이다.

　『경세유표』는 국가와 사회 운영에 대한 개선책을 담은 책이다. 책의 제목인 '경세유표'는 나라를 경영하는 일에 대해 죽음으로써 남겨 임금께 올리는 글이란 의미로 다산의 유언과 같은 책이다. 국가 운영에 대한 전반적인 사항과 개선책을 저술한 목적은 다름 아닌 백성들의 삶의 향상이다. 세금과 토지제도, 환곡제도 등에 대해 국가와 사회가 운영을 잘하게 되면 백성들의 삶은 더 나아지기 때문이다.

우리 선조의 독서 내공과 저술 내공은 세계 최강이었다. 하지만 일제 강점기 이후로 국가적 재난으로 인해 독서와 저술 내공이 많이 낮아졌다. 이제 다시 되돌려야 하지 않겠는가?

이제 다시 혜강 선생과 다산 선생을 비롯한 위대한 우리 선조들의 뒤를 이을 수 있는 저술 대가들이 수도 없이 많이 배출되어야 하지 않겠는가? 그래야 우리 후손들이 그런 책들을 읽으면서 자랑스러워하지 않겠는가?

한국·미국·중국·일본 중
독서력 꼴찌 나라는?

필자가 독서법 수업 1주 차 이론 시간에 어김없이 하는 질문이 있다. 바로 이것이다.

"한국, 미국, 중국, 일본 중 독서력이 꼴찌인 나라는 어디일까요?"

수강생분들도 어느 정도 정답을 알고 있다. 바로 한국이다. 그렇다면, 순서는 어떻게 될까? 순서는 바로 강대국 순서다. 미국, 일본, 중국, 한국이다.

미국이 세계 최강 국가인 이유는 군사력과 같은 하드웨어 때문이 아니다. 그것은 겉으로 드러나는 결과이지 원인은 아니다. 미국만큼 책 읽기와 책쓰기를 전문적으로 가르치고, 배우고, 훈련하고, 연습하는 나라도 없다. 그래서 미국이 강국인 것이다. 미국은 세계에서 가장 큰 도서관을 보유하고 있다. 이 도서관은 규모와 소장 자료 면에서 세계 최대. 바로 워싱턴 D.C.에 있는 미국 의회도서관 Library of Congress이다. 미국 의회도서관은 1억 7천만 점이 넘는 자료를 보유하고 있다. 세계 최고의 명문 대학교를 가장 많이 보유하고 있는 데서도 미국의 소프트웨어 파워를 잘 알 수 있다.

국가별 노벨상 수상자 비율 순위를 살펴보면, 미국이 압도적으로 1위다. 미국은 약 30~35%의 비율로 1등이다. 2등과 3등이 각각 10~12%, 8~10%인 영국과 독일인 점을 볼 때, 압도적인 1위인 셈이다. 이것이 미국의 저력이다.

일본은 어떤가? 일본은 독서 강대국, 독서 선진국이다. 100년 전에 이미 일본 국민들은 위정자들의 목표 아래 독서국민으로 재탄생되었다. 그 시기가 바로 정확히 일제 강점기 때다.

일본은 1차 세계 대전과 2차 세계 대전을 겪는 그 전쟁통에 국가 차원에서 독서 국민을 만들기 위해 본국에 400개 이상의 도서관을 건립하고 독서 운동을 했다. 마치 우리나라가 가난에서 벗어나기 위해 국가 차원에서 새마을 운동을 했던 것처럼 말이다. 그런데 우리나라는 독서 국민을 만들기 위해서가 아니라 굶어죽지 않는, 열심히 일하는 국민을 만들기 위해 국가 차원에서 새마을 운동을 했지만, 이웃나라 일본은 일하는 국민을 만들기 위해서가 아니라,

한 단계 더 높은 수준인, 책을 읽는 국민, 독서 국민을 만들기 위해 국가 차원에서 독서 운동을 했던 것이다.

그 결과 일본은 선진국, 경제 대국, 강대국이 될 수 있었다. 세상은 정확하다.

중국은 또 어떤가? 축구를 못 한다고 우리가 무시하는 경향은 있지만, 중국은 500년 전에도 강대국이었고 지금도 강대국이다. 세계 최강국인 미국이 가장 무서워하는 나라, 미국과 맞짱 뜰 수 있는 몇 몇 안 되는 나라 중 하나다. 중국의 저력은 무엇일까? 바로 엄청나게 의식 수준이 높은 독서의 대가들이 차고 넘친다는 것이다. 밥만 먹고 독서만 하는 독서의 초고수들이 수천만 명 있는 곳이 중국이다.

동양의 철학과 고전은 대부분 중국에서 나왔다. 책의 민족이라고 해도 틀린 말은 아니다. 공자, 노자, 장자, 사마천, 한비자... 끝도 없이 많은 지식인들과 철학자들이 중국에서 나왔다. 책의 주된 재료인 종이를 세상에서 가장 빨리 만든 나라도 중국이지 않은가? 기원후 2세기 초 중국의 후한 시대, 채륜이라는 인물이 종이를 발명했다. 종이를 가장 먼저 발명하여 책의 보급에 큰 영향을 주었던 것이다.

동양의 많은 문헌과 사상은 모두 중국에서 나온 것이 이상하지 않다. 세계 최초로 목판 인쇄술도 발명하여, 책의 대량 보급을 통해 서적이 대중에게 빠르게 퍼졌던 것이 아닌가?

한국이 독서의 내공, 독서의 수준, 독서의 차원, 독서의 실력이 이 세 나라에 비해 가장 꼴찌라는 사실은 인정하기 싫지만, 현실이고 사실이다. 왜 세계적으로 우수한 민족인 한국인들이 독서력은 꼴찌일까?

독서법 수업 시간에 이 질문을 하면, 수강생들의 다양한 답변이 나온다. 어떤 분은 '인터넷 강국이라서, 스마트폰만 보기 때문'이라고 하고, 또 어떤 분은 '학창 시절 때 너무 공부를 과도하게 시켜서, 어른이 되면 질려서 책을 안 보기 때문'이라고 하기도 한다.

완전히 틀린 답변은 아니다. 물론 정답은 없다. 하지만 필자가 생각하는 이유는 바로 이것이다.

"탁구 동호회 회장님이 계시는데요, 이 분은 30년 동안 매일 밥만 먹고, 하루 종일 탁구장에 가서 탁구만 치시는 탁구광이세요. 탁구에 미친 분입니다. 30년 동안 하루도 안 빠지고 탁구만 치시는 분인데, 30년이면 얼마나 실력이 좋을까요? 그런데 3년 선수 출신이 동호회에 들어와서, 호기심에 시합을 하게 되었습니다.

자, 30년 동호회 회장님과 3년 선수 출신과의 탁구 시합은 누가 이겼을까요?"

놀랍게도 수강생분들은 3년 선수 출신이 30년 경력의 동호회 회장님을 이길 것이라고 말한다. 그러면 필자는 이렇게 응수한다.

"헉! 30년이면 강산이 세 번 바뀌잖아요. 서양에도 10년 법칙이 있잖아요. 10년이면 전문가, 프로가 된다고 하는데, 30년인데요? 동양에도 공자가 '즐기는 사람이 더 잘한다.'고 했는데요. 그래도 3년 선수 출신이 이긴다고요?"

이 말을 해도 수강생분들은 단호하게 3년 선수 출신이 이긴다고 대답을 한다. 그렇다. 필자는 수강생들에게 이런 말을 하면서, 왜 우리가 독서 꼴찌인가를 설명한다.

"맞습니다. 동호회 회장님이 선수 출신과는 수준과 차원이 달라서, 도저히 시합이 안 된다고 합니다. 선수 출신이 마음만 먹으면, 쉽게 자신을 이긴다고 합니다. 그렇습니다. 한국인들도 그렇습니다. 평생 태어나서 죽을 때까지 독서를 자신의 스타일대로, 자신의 수준대로, 아마추어 동호회 회장님과 똑같이 그냥 즐기고 그냥 합니다. 그래서 독서의 수준, 독서의 실력, 독서력은 평생 큰 변화가 없고, 정체되는 것입니다. 독서 선진국은 책 읽기와 책쓰기에 대해서 체계적으로 가르치고, 배우고, 연습을 합니다. 한국인처럼 독서법을 무시하는 국민은 많지 않습니다. 우리는 글자를 읽을 수 있으면, 그것이 곧 독서를 할 수 있는 것이라고 착각을 합니다. 글자를 읽을 수 있는 것과 책을 제대로 잘 읽어 낼 수 있는 것은 같은 것이 아닙니다. 그래서 여러분들이 제대로 잘 오신 것입니다. 독서를 제대로 잘할 수 있게 선수처럼 훈련시켜서 독서의 수준, 독서의 실력,

독서의 내공을 단기간에 도약시켜 드릴 것입니다."

한국인들은 독서법을 초등학생이나 배우는 것이라고 치부해 버린다. 그래서 독서 실력은 더 바닥이 된다. 독서력이 낮으니까 독서를 많이 할 수 없고, 독서를 많이 할 수 없으니까 어휘력과 배경지식이 더 낮아져서, 결국 독서의 악순환이 평생 계속되는 것이다. 평생 살면서 제대로 읽은 책이 한 권도 없다고 하는 수강생도 있었다. 독서력이 없으니까 책을 끝까지 읽어나가는 것이 고통과 같기 때문이다.

재미있는 사실을 하나 발견했다. 그것은 독서를 많이 하는 사람일수록 독서력의 부재를 많이 느낀다는 사실이다. 즉 독서를 평소에 하나도 하지 않는 사람, 책과 친하지 않은 사람일수록 독서법의 필요성을 하나도 느끼지 않는다는 것이다.

독서를 정말 많이 하는 빌 게이츠와 평생 100권 이상의 책을 집필하고, 평생 독서를 해 왔던 천재 괴테 같은 사람들은 갈수록 독서력의 부재를 더 크게 느꼈다.

책을 아무리 읽어도 이해가 안 되는
진짜 이유

어떤 수강생은 책을 아무리 읽어도 하나도 이해가 안 된다고 하소연한다. 책을 읽어도 하나도 이해가 안 되는 이유는 무엇일까?

가장 큰 이유는 독서를 너무 쉽게, 너무 만만하게 생각하기 때문이다. 즉 독서를 처음 시작하는 많은 이들이 독서에 대한 깊은 이해, 정확한 이해도 없이 독서를 무작정 하면 되는 것으로 생각한다.

이것은 매우 위험천만한 생각이다. 스위스나 캐나다에 가면 멋진 스키장이 많다. 스키를 너무 쉽게, 너무 만만하게 생각하는 사람은 없다. 스키 초보자나, 스키를 제대로 배우거나 탈 수 없는 자들이 몇백 미터 혹은 몇천 미터나 되는 높은 산꼭대기까지 가서 스키를 타면, 큰 부상 위험을 감수해야 한다. 다치지는 않더라도, 즐거운 스키 시간이 악몽의 시간, 고통의 시간, 공포의 시간이 되는 경우도 있다.

산 정상에서 스키를 제대로 즐기는 것은 아무나 할 수 없다. 그냥 스키를 타고 싶다고 막무가내로 도전하면 낭패를 보게 된다. 스키 강습을 받거나 오랫동안 스키를 연습하고 훈련하여 초급 수준에서 벗어나 중급이 되어야 하고, 중급이 된 후에도 충분히 연습하고 훈련하여 상급자가 되어야 스키를 제대로 즐길 수 있게 된다.

독서도 마찬가지다. 당신이 독서를 무작정 시작한다고 해서, 독서의 깊은 세계를 제대로 맛볼 수 있는 것은 아니다. 하지만 이런 사실을 많은 독자들이 망각하고 있다.

세상의 모든 일에는 고수와 초보자가 있는 법이다. 독서도 마찬가지다. 어떤 독서 고수는 성경을 하루에 1독하는 것이 가능하다. 하지만 어떤 독서 초보는 평생 읽어도 성경 1독도 못 한다. 어떤 독서 고수는 1년에 1,000권 이상의 책을 독파하지만, 어떤 독서 초보는 평생 10권의 책도, 심지어 단 한 권의 책도 제대로 처음부터 끝까지 읽지 못한다.

독서를 절대 너무 쉽게, 너무 만만하게 보지 마라. 독서도 피아노 치는 것처럼, 스키를 타는 것처럼 배워야 잘 할 수 있다는 사실을 명심하라.

책을 읽어도 이해가 안 되는 또 다른 이유는 단순히 눈으로 글자만 따라가기 때문이다. 쉽게 이야기하자면, 사진을 찍듯이 눈으로 글자만 찍고 내려가는 사람이 있다. 특히 이런 현상은 인터넷을 많이 보는 사람, 게임을 많이 하는 사람에게서 나타난다.

인간의 뇌는 신비롭다. 오랜 시간 매일 게임을 많이 하면 우리 뇌는 게임뇌로 재편된다. 게임뇌는 게임에 최적화된 뇌다. 게임을 할 때 가장 행복하고, 가장 많은 도파민이 분비된다. 게임을 생각만 해도 행복 호르몬이 분비된다. 이렇게 게임뇌는 독서뇌와 상극을 이룬다.

독서뇌는 독서에 최적화된 뇌다. 독서 전문가, 독서 고수들의 뇌는 모두 독서뇌다. 독서뇌는 독서를 할 때 가장 행복하고, 가장 많은 행복 호르몬이 분비되고, 가장 활성화된다. 독서 전문가의 뇌인 독서뇌는 쉽게 저절로 만들어지지 않는다. 오랜 시간 제대로 된 독서를 한 사람만이 만들 수 있다.

게임뇌, 독서 초보자의 뇌를 가진 사람이 독서를 제대로 잘하고 싶다는 것은 꿈과 같은 이야기다. 세상에 공짜는 없다. 세상은 정확하다. 독서 연습과 독서 훈련에 많은 시간과 노력을 투자해야 하고, 제대로 되고 효과적인 독서의 기술, 강력한 독서법을 배워야 제대로 된 독서가 가능하다.

무딘 도끼날로 나무를 하는 것과 날카로운 도끼날로 나무를 하는 것은 성과에서 격차가 발생한다. 독서도 마찬가지다. 집 근처 마트만 간다면 10년 이상 된 작은 소형차, 경차도 상관없지만 전국 일주를 하고, 고속도로를 타고 장거리 여행을 한다면 10년 이상 된,

잘 나가지 않는 노후차나 경차는 문제가 된다. 독서를 하는 것도 동네 마트를 가는 것이 아니라 전국을 여행하는 장거리 여행, 때로는 세계 일주를 해야 하는 여정과 같다. 독서를 너무 쉽게 생각하지 마라.

또 다른 이유는 어휘력, 배경지식의 부재다. 즉 배경지식이 없는 사람들, 어휘력이 부족한 사람들은 일반 책을 읽어도 절대 이해할 수 없다. 같은 성인이지만 배경지식의 차이가 심한 경우도 많다. 평생 TV만 보고 책을 제대로 읽지 않는 사람들이 특히 배경지식이 부족한 경우가 많다. 평소에 책을 많이 읽는 사람은 배경지식이 많기 때문에, 한 권의 책을 읽는 것이 그렇지 못한 사람에 비해 훨씬 더 쉽고, 편하고, 빠르다. 이것이 독서의 부익부 빈익빈 현상이다.

1,000권의 책을 독파한 사람은 훨씬 더 적은 시간과 노력으로 한 권의 책을 읽는 것이 가능하다. 하지만 10권의 책도 독파한 경험이 없는 사람은 한 권의 책을 읽는 데 너무 많은 시간과 노력이 필요하다. 필자는 이런 경우를 독서의 선순환, 독서의 악순환이라고 부른다. 두 가지 모두 같은 원리다. 독서를 많이 한 사람일수록 독서하는 것이 쉽고, 편하고, 빨라지고, 독서를 전혀 하지 않은 사람일수록 독서하는 것이 어렵고, 힘들고, 느리다.

어휘력은 결국 배경지식과 같은 의미다. 당신의 어휘력 수준은 어느 정도일까? 수능 1등급을 받았다고 어휘력이 높다고 생각하는 것은 착각이다. 미국에서 초등학교만 나온 대기업 회장들의 어휘력을 테스트해 본 결과는 놀라웠다. 초등학교만 나왔지만 이들의 어휘력은 미국의 명문대 대학원생 수준이었던 것이다.

어휘력이 높다는 것은 사고력이 풍부하고, 사고의 양과 질이 모두 높다는 것을 의미한다. 어휘력이 빈약한 사람은 일상생활에서는 티가 나지 않지만 책을 읽거나 글을 쓰게 되면 그 바닥이 드러나게 된다.

책을 아무리 읽어도 제대로 이해가 되지 않는 사람은 어휘력이 원인일 수 있다. 어려운 책도 쉽게 읽고 이해할 수 있는 사람은, 학력이 낮아도 어휘력이 높은 사람이다. 어휘력이 낮은 사람은 절대 어려운 책을 읽을 수 없기 때문이다.

쉽게 설명하자면, 경제학 박사가 경제 관련 일반 자기 계발서를 읽을 때는 대충 빨리 읽어도 책의 내용을 다 쉽게, 편하게, 빨리 이해가 가능하다. 하지만 경제 관련 지식이 없는 사람이 경제 관련 도서를 읽는 경우를 생각해 보라. 아무리 천천히 읽어도 100% 이해할 수 없다. 제대로 이해하는 것도 힘들다.

이처럼 배경지식, 어휘력은 독서를 하는 데 있어서 매우 중요하다. 그런데 어휘력, 배경지식을 향상시킬 수 있는 가장 효과적인 방법이 결국 다독이다. 아이러니하게도, 다독을 가장 하기 힘든 사람들, 책을 읽어도 이해가 전혀 안 되어 책을 읽는 것이 너무 힘들고, 어렵고, 시간이 많이 걸리는 사람들에게 가장 필요한 것, 가장 우선시 되어야 하는 것이 바로 다독이다. 그렇다. 다독이 가장 필요한 사람들은 정작 다독을 하기 가장 힘든 사람들이다. 하지만 이런 악순환을 끊기가 너무 힘들다. 그래서 다독을 해내는 사람은 많지 않다.

이런 악순환을 끊을 수 있게 해 주는 한 가지 방법이 퀀텀독서법과 같은 효과적이고 강력한 독서 스킬, 독서 훈련법을 통해 독서의 실력, 독서의 근육, 독서의 수준, 독서의 차원을 퀀텀 점프시키는 것이다. 퀀텀독서법 수업이 10년 이상 계속 지속된 이유이기도 하다.

독서는 OO한 사람을,
책쓰기는 OOOO를 만든다

"한 인간의 존재를 결정짓는 것은 그가 읽은 책과 그가 쓴 글이다."

19세기 러시아 문학의 거장인 도스토옙스키의 말이다. 그는 왜 한 인간의 존재를 결정짓는 것은 사회적, 경제적 성공이나 성취가 아니라 그가 읽은 책과 그가 쓴 글이라고 했을까? 사회적, 경제적 성공이나 성취는 돈이 얼마나 많은가를 결정할 뿐이기 때문이다. 그 사람의 진정한 존재 가치와 의미는 돈이 얼마나 많은가로 평가할 수 없기 때문이다.

독서법 특강에 갔을 때, 어떤 청중이 이런 질문을 한 적이 있다.

"작가님. 어떤 사람이 성공해서 부자가 되었고, 자신의 꿈도 이루었고, 지식도 많아서 박학다식하고, 세상을 내다보는 통찰력도 높고, 사고력과 표현력도 좋아서 언변이 뛰어나고, 글도 무척 잘 씁니다. 더 이상 부족함이 없는 이런 사람은 왜 독서를 해야 하나요?"

이런 질문을 듣자마자 필자는 0.1초도 망설이지 않고 이렇게 답을 해 주었다.

"가난한 사람은 독서를 하면, 부자가 됩니다. 꿈을 이루지 못한 사람은 독서를 하면, 꿈을 이룹니다. 지식이 없는 사람은 독서를 하면, 지식을 얻게 됩니다. 그렇다면, 성공한 사람 혹은 부자는 왜 독서를 해야 할까요?

성공한 사람이나 부자는 독서를 하면, 존귀한 사람이 되기 때문입니다. 이미 성공한 사람, 부자들이 더 독서를 해야 합니다. 독서를 안 해도 부자가 되고 성공하는 사람도 있습니다. 하지만 진정한 자신의 존재 가치와 삶의 의미를 제대로 발견하고, 한 번밖에 없는 인생을 제대로 살아내기 위해서는, 그런 존귀한 사람이 되기 위해서는 돈이나 성취로는 부족합니다."

즉, 독서를 하면 가난한 사람은 부자가 되고, 부자나 성공자는 존귀한 사람이 되기 때문이다. 그렇기 때문에 오히려 부자나 성공한 사람이 독서를 더욱 필사적으로 해야 한다. 부자가 되고 성공한 사람은 그 후 삶이 내적으로 황폐해지기 더욱 쉽다.

왜 존귀한 사람은 독서를 통해 만들어질 수 있을까?

독서를 통해 우리는 삶의 의미와 가치를 발견할 수 있고, 왜 살아야 하는지, 무엇이 좋은 삶인지 깨닫게 될 수 있기 때문이다. 독서를 통해 우리가 얻어야 하는 것은 지식보다 지혜와 인격이다. 독서는 지혜와 인격을 함양하는 중요한 수단이다.

독서를 통해 우리는 다양한 사상과 철학을 접하고, 타인의 삶과 경험을 간접적으로 배우며, 무엇보다 도덕적 통찰을 깊게 할 수 있다. 이런 과정을 통해 우리는 성장하게 되고, 훌륭한 인격을 형성하게 된다.

부자라고 해서, 성공한 사람이라고 해서 모두 존경과 귀함을 받을 만한 가치가 있는 것은 아니다. 이런 사실을 우리는 너무나 잘 알고 있다. 그렇다면 존경과 귀함을 받을 만한 가치가 있는 사람은 누구인가? 이런 사람들은 도덕적 품성, 고결한 마음, 세상과 타인을 대할 때 친절과 배려, 감사와 사랑이 넘치는 사람이다. 도덕적 품성, 고결한 마음을 가진 존귀한 사람은 자신의 이익을 넘어서서 이타적인 행동, 헌신적인 행동을 기꺼이 하는 사람이다.

존귀한 사람은 탁월한 인격과 도덕성을 통해 타인에게 모범이 되며, 이기적인 욕망이나 탐욕에 흔들리지 않고, 정신적으로 고결하고 헌신적인 삶을 살아간다. 그들의 목표는 돈이나 성공이 아니라 타인에게 선한 영향력을 끼치는 것이며, 자기 자신을 내세우기보다는 공동체와 사회의 이익을 우선시한다.

독서는 존귀한 사람을 만든다. 그렇다면 책쓰기는 어떤 사람을 만들까?

책쓰기는 한 마디로 인생 고수를 만든다. 인생 고수는 무조건 돈을 많이 벌고 사업에서 성공한 사람을 의미하지 않는다. 인생 고수는 또한 존귀한 사람과 다른 개념이다. 어떻게 다를까?

존귀한 사람이 도덕적, 윤리적 기준에서 존경받는 인격을 강조하는 개념이라면, 인생 고수는 실생활에서의 지혜와 실용적 능력을 강조하는 개념이다. 인생 고수는 삶을 깊이 이해하고, 어떤 상황에서도 침착하게 대처하는 능력, 즉 위기대처 능력이 뛰어나고, 유연한 사고를 바탕으로 무엇보다 자신과 타인의 삶을 더 나은 방향으로 이끌어 갈 수 있는 능력자를 말한다.

인생 고수는 삶의 균형 감각이 뛰어나고, 유연한 사고를 할 줄 안다. 위기나 도전 상황에서도 흔들리지 않고, 냉철하게 대처하는 능력을 갖추고 있다. 실패나 고난에도 좌절하지 않고, 그것을 극복해낸 경험과 지혜를 통해 현실적인 해결책을 제시하고, 자신과 타인의 인생을 더 좋은 방향으로 이끌 수 있는 가르침을 줄 수 있다.

책쓰기는 어떻게 해서 인생 고수를 만들어내는 것일까?

책을 쓰는 행위는 단순히 문장을 나열하는 것이 아니라, 깊이 있는 성찰과 사색을 통해 인생의 본질을 이해하게 되고, 자신의 인생과 경험을 체계적으로 정리하는 과정이다. 이 과정을 통해 저자는 단순히 머릿속에 있는 경험과 삶을 문장으로 나열하는 것이 아니라, 그 속에서 중요한 통찰과 삶의 교훈을 발견하고, 그것을 자신만의 글과 문자로 표현하게 된다. 이 과정에서 저자는 자신의 삶을 돌아보게 되고, 삶의 교훈과 지혜를 얻게 된다. 저자는 인생의 다양한 측면을 더 명확하게 이해하게 되며, 이로써 인생 고수로 거듭나게 되는 것이다.

무엇보다 책을 쓰는 과정을 통해 저자는 다양한 도전과 문제 해결 능력을 기르게 된다. 책쓰기는 다양한 세상과 도전을 좀 더 통합적으로 남과 다르게 통찰하고, 분석하고, 사고하여 그것을 논리적으로 체계화하고, 정의해서 표현해야 한다. 이 과정에서 저자는 여러 가지 복잡한 문제를 단순화하고 해결하는 능력을 익히게 되며, 이것은 인생의 다른 문제와 위기를 대처하는 능력을 기르는 데에도 도움을 준다.

즉, 책쓰기는 다양하고 복잡하고 끊임없는 도전을 통합적으로 분석하고, 해결하는 과정이다. 이 과정을 통해 저자는 무엇보다 삶의 다양한 난관을 해결할 수 있는 인생 고수로 성장하게 된다.

책을 쓰는 과정을 통해 저자는 또한 자신의 삶의 경험과 지식을 확장하며, 끊임없이 학습하고 연구한다. 즉 책을 쓰기 위해서는 끊임없는 학습과 연구가 필요하다. 저자 자신만의 경험과 지식으로는 충분하지 않다. 그래서 끊임없이 더 많은 자료와 사례를 찾아보고, 새로운 지혜와 정보를 습득하게 된다. 이를 통해 저자는 사고 범위를 넓히고, 더 깊이 있는 지혜와 교훈을 얻는다. 끊임없는 학습과 연구는 인생 고수로 성장하는 데 중요한 역할을 한다. 책쓰기는 저자의 지식과 경험의 깊이와 폭을 더욱 확장시켜 준다.

책을 쓰는 사람은 지식 확장과 경험의 정리 과정을 통해 문제 해결과 자기 성찰을 끊임없이 하게 되고, 그 결과 인생 고수로 발전하게 된다. 그래서 책을 쓰는 사람은 1년 전과 후가 다르고, 어제와 오늘이 다른 것이다.

인생을 살다 보면, 상상도 하지 못한 여러 가지 상황과 문제에 맞닥뜨리게 된다. 이럴 때 인생 하수는 잘못된 선택과 대응을 하게 되어 인생이 망하게 되고, 불행하고 비참한 삶을 살게 되지만, 인생 고수는 훌륭한 선택과 탁월한 대응을 통해 인생이 흥하게 되고, 행복하고 즐거운 삶을 누리게 된다.

즉, 행복하고 즐거운 인생을 살아가는 사람은 인생 고수들이다. 인생 고수는 크게 부자가 되거나 큰 성공을 이룬 사람만을 의미하지 않는다. 큰 성공을 이루었지만 범죄자가 되어 교도소에 갇혀 있는 사람은 인생 하수와 같다. 불행하고 비참한 삶이기 때문이다. 큰 성공을 하지 않아도, 큰 부자가 아니어도 인생을 행복하고 즐겁게 살아낼 수 있는 사람이 오히려 인생 고수인 것이다.

고전을 가까이 하는 자들이 쉽게 흔들리지 않고, 망하지 않고, 인생을 잘 살아낼 수 있는 이유는 고전을 통해 책쓰기와 같은 유익함을 어느 정도 얻을 수 있기 때문이다. 하지만 고전 읽기보다 더 강력하고, 더 효과적인 것이 책쓰기임을 알아야 한다. 고전 읽기는 답을 알려 주지만, 책쓰기는 스스로 답을 찾아내는 과정이다. 답을 알려주는 것보다 답을 찾아가는 과정이 성장과 발전, 인생과 자신에게 더 유익하다는 사실을 우리는 모두 알고 있지 않은가.

우리나라 최고의 책쓰기·독서법 학교

대한민국 넘버원 책쓰기·독서법 학교는 어디일까? 필자가 10여 년 동안 운영해 오고 있는 김병완칼리지가 아닐까? 그 이유는 무엇일까?

필자는 김병완칼리지가 대한민국 넘버원을 넘어, 인류 역사상 최고의 독서법 학교라고 이야기한다. 그 이유는 성인 8,000명이 참여하고 배운 독서법 수업인 퀀텀독서법 수업을 해 왔기 때문이 아니다. 김병완칼리지에서는 퀀텀독서법 수업을 멈추지 않고 해 왔지만, 독서법 수업이 퀀텀독서법 수업만 있는 것이 아니기 때문이다.

칼리지에서는 천재를 만드는 최고의 독서법인 초서독서법[8] 수업도 하고 있다. 물론 매주 하는 것은 아니다. 하지만 6개월에 한 번이상은 꼭 초서독서법 수업을 한다. 초서독서법 수업에 참여하신분들은 2주 차나 3주 차가 되면, 초서독서법의 깊이와 내공에 감탄하게 된다. 1주 차 때는 무엇이 무엇인지 잘 몰라서 어리둥절하다가 말이다.

초서독서법으로 6개월만 독서를 하면 책을 쓸 수 있는 작가로 도약하고, 3년만 초서 독서를 하면 필자를 뛰어넘는 베스트셀러 작가가 될 수 있다. 필자가 그렇게 된 것이다.

필자는 퀀텀독서법 창안자다. 하지만 최고의 독서법을 하나만 추천해 달라고 하면 1초의 주저함도 없이 초서독서법이라고 말한다. 그 이유는 분명하다. 초서독서법이 인류 역사상 최고의 독서법이기 때문이다.

하지만 퀀텀독서법을 제대로 배우고 훈련하지 않은 사람이 바로 초서독서법을 배우거나 훈련하는 것은 큰 문제가 있다. 초등학교

---

8) 정약용, 세종, 정조를 비롯해 우리 선조들이 평생 실천해 자신을 높은 경지로 끌어올린 기적의 독서법. 읽은 내용을 이해하고 소화하는 데 그치는 게 아니라, 비판적 사고와 변증법적 사고를 추가하고, 손을 이용해 뇌를 자극하고 훈련시켜 더 차원 높은 사고 훈련을 하게 해주며, 동시에 자신만의 노트에 세상에 유일한 자신의 생각과 지식을 기록함으로써 글을 짓는 독서법이다. (김병완, 『초서독서법』)

도 다니지 않고, 기본 지식도 없이 대학교에 다니는 것과 마찬가지이기 때문이다.

김병완칼리지와 같은 독서법 학교는 다른 어느 나라에 가도, 심지어 역사를 더듬어 찾아봐도 찾기가 힘들다. 단 2~3주 만에 독서 능력이 서너 배 이상 쉽게 향상될 뿐만 아니라, 심지어 수십 배에서 수백 배 향상되는 수강생들이 빈번하게 속출하는, 세상 어디에도 찾아볼 수 없는 독서법 학교이기 때문이다. 수강생들의 입소문만으로 미국에서도 건너와서 참여하는 수강생들이 있을 정도다.

김병완칼리지는 독서법 학교로만 유명한 것이 아니다. 오히려 책쓰기 학교로 더 유명하다. 책쓰기 수업이 2024년말에 240기수를 넘었다. 10여년 동안 쉬지도 않고, 작가의 꿈을 이루고자 하는 분들을 위해 책쓰기 수업을 한 결과 800명 이상의 수강생들이 작가가 되게 도움을 주었다.

2015년 말에 집계를 내본 적이 있는데, 그 당시에만 해도 수강생 200명이 정식으로 계약에 성공했다. 2013년 겨울에 시작해서 2015년 중반까지 필자의 책쓰기 수업을 듣고 출판사와 정식으로 계약한 수강생이 200명을 돌파했다. 그 후로는 도서를 집계할 수가 없었다.

칼리지의 스텝은 단 한 명이다. 그냥 등록 전화가 오면 등록해 주고, 언제 수업이 시작되고, 준비물은 무엇인지를 알려주는 정도의 직원 한 명이 전부다. 마케터도 없고, 영업하는 사람도 없고, 총괄하는 사람도 없다. 대표인 필자와 서무 경리 직원 한 명이 전부다.

이 시대에 마케터도 없고, 영업하는 사람도 없고, 홍보하는 사람도 없이 잘 돌아가는 회사는 존재할 수 없다. 현대 경영학의 창시자인 피터 드러커가 기업은 혁신과 마케팅이 전부라고 그 중요성을 이미 간파했다. 하지만 김병완칼리지는 다르다.

과연 김병완칼리지는 무엇이 다를까? 그것은 바로 김병완칼리지에는 3년 만 권 독서를 하고, 10년 동안 100권의 책을 출간한 김병완 작가라는, 대한민국에서 대체 불가한 린치핀이 존재한다는 사실이다.

자영업이 망하던 메르스 때도, 심지어 코로나 때도 김병완칼리지는 그렇게 큰 타격을 입지 않았다. 그 비결은 바로 탄탄한 기본과 준비였다. 필자가 3년 1만 권 독서를 하지 않았다면, 그래서 3년 준비 기간도 없이 퇴사한 후에 바로 김병완칼리지를 시작했다면, 아마 단 1개월도 운영할 수 없었을 것이며, 아무도 찾아와서 배우려고 하지 않았을 것이다.

3년 동안 준비했다고 해도 그저 남들처럼 도서관에서 백 권 정도의 책만 읽었다면, 혹은 3년 동안 백 권이나 천 권 독서만 했다면 독서한 양에 정확히 비례해서 그 수준에 맞는 김병완칼리지가 존재할 것이다. 세상에는 공짜가 없다. 세상은 그렇게 호락호락하지 않다. 세상은 정확하다.

누가 실력자이고, 누가 내공이 더 깊고, 누가 더 오랫동안 철저하게 준비했는지를 우리보다 더 정확히 잘 알고 있다. 그래서 10년 무명보다 20년 무명이 더 크게 성공하는 것이다. 무명 기간이 철저한 준비 기간이며, 내공을 쌓을 수 있는 최고의 기간이기 때문이다. 이런 준비 기간도 없이 쉽게 빨리 성공한 사람들은 결국 쉽게, 빨리 내려가게 된다. 그것이 세상의 법칙이다.

필자가 비록 3년이라는 짧은 기간이었지만, 남들의 10년 혹은 20년에 버금갈 정도로 혹독한 연습과 훈련을 했다는 사실은 독서량으로 알 수 있다. 독서량이 부족하고, 실력이 부족하고, 내공이 부족하다면 수강생들 입에서 감탄이 나올 정도의 책쓰기 코칭을 절대 할 수 없을 것이고, 1년 동안 23권의 책을 출간하는 그런 폭발적인 저술도 불가능했을 것이다.

세상은 정확하고, 공짜가 없다. 그래서 우리는 더 열심히 노력하고, 혁신하고, 절대 자만하거나 안주해서는 안 되는 것이다. 필자의 성공 비법은 한 마디로 마부작침이며, 자강불식이다.

부록

1. 김병완 작가의 책들

2. 김병완칼리지 출신
   작가들의 책들

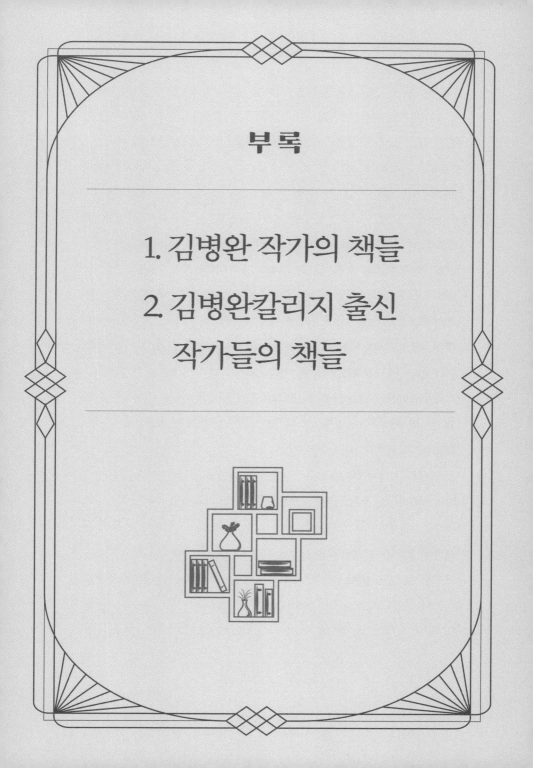

1. 김병완 작가의 책들

| 독서/도서관 |

『하루 한 줄 고전 인문학』, 북씽크, 2021.4.25

『나를 자라게 하는 인생 책 19』, 플랫폼연구소, 2020.10.30

『인생에 반전이 필요하다면 인문학 독서가 답이다』, 플랫폼연구소, 2020.6.15

『독서의 신이 알려주는 1만 권 인생책』, 퀀텀앤북스, 2019.11.5

『삶을 바꾸는 기적의 독한 습관』, 북씽크, 2019.9.25

『나는 도서관에서 기적을 만났다』, 아템포, 2019.2.15

『도득남 이야기』, 넥센미디어, 2018.12.18

『내 인생의 기적은 한 권의 책에서 시작되었다』, 새로운제안, 2015.11.10

『평생 독서』, 프리뷰, 2015.8.8

『고전불패』, 미래북, 2015.1.16

『스무 살에 읽었으면 흔들리지 않았을 책들』, 북씽크, 2014.11.10

『책수련』, 동아일보사, 2014.9.20

『서른에 읽었으면 변했을 책들』, 북씽크, 2014.3.15

『오직 읽기만 하는 바보』, 브레인스토어, 2013.9.6

『결정적 순간의 책읽기』, 북씽크, 2013.5.10

『마흔 즈음에 읽었으면 좋았을 책들』, 북씽크, 2012.11.15

| 독서법 |

『한번에 10권 플랫폼 독서법』, 청림출판, 2020.9.16

『초서독서법』, 청림출판, 2019.4.19

『백수의 1만 권 독서법』, 아템포, 2018.8.3

『완벽한 독서법』, 글라이더, 2018.5.25

『1시간에 1권 퀀텀독서법』, 청림출판, 2017.3.31

『기적의 고전 독서법』, 북씽크, 2014.9.10

『김병완의 초의식 독서법』, 아템포, 2014.2.14

『기적의 인문학 독서법』, 북씽크, 2013.3.10

『48분 기적의 독서법』, 미다스북스, 2011.12.22.

| 책쓰기 |

『책쓰기 특강』, 프로방스, 2025.1.25

『책쓰기의 10가지 선물』, 케이미라클모닝, 2024.2.8

『고수는 책을 쓰고 하수는 일만 한다』, 플랫폼연구소, 2024.1.22

『인간의 책쓰기』, 케이미라클모닝, 2023.7.18

『독자를 유혹하는 책쓰기』, 플랫폼연구소, 2022.9.5

『48분 기적의 책쓰기』, 플랫폼연구소, 2021.10.22

『기적의 책쓰기! 이 책 한 권이면 다 된다』, 플랫폼연구소, 2021.4.1

『초등 5학년 공부, 책쓰기가 전부다』, 플랫폼연구소, 2021.1.29

『초등 책쓰기 혁명』, 플랫폼연구소, 2020.11.23

『누구보다 쉽게 책 쓰는 법』, 플랫폼연구소, 2020.10.20

『누구보다 빨리 책 쓰는 법』, 플랫폼연구소, 2020.10.14

『누구나 작가가 되는 책쓰기 혁명의 시대』, 플랫폼연구소, 2020.8.15

『7주만에 작가되기』, 퀀텀앤북스, 2019.12.5

『왜 책을 쓰는가?』, 새로운제안, 2019.2.20

『한 달에 한 권! 퀀텀책쓰기』, 넥센미디어, 2018.9.30

『책쓰기 학교 인생을 바꾸다』, 북씽크, 2017.1.25

『나는 책쓰기로 인생을 바꿨다』, 북씽크, 2016.11.10

『김병완의 책쓰기 혁명』, 아템포, 2014.11.14

『인생을 바꾸는 기적의 글쓰기』, 북씽크, 2013.11.10

| 공 부 |

『숨겨진 0.1% 공부의 신들의 천재공부법』, 퀀텀앤북스, 2020.6.17

『공부에 미친 사람들』, 다산북스, 2019.1.14

『40대, 위대한 공부에 미쳐라』, 퀀텀앤북스, 2017.10.16

『김병완의 공부혁명』, 진성북스, 2016.11.13

『선비들의 평생 공부법』, 이랑, 2013.5.6

『40대, 다시 한 번 공부에 미쳐라』, 함께북스, 2012.2.29

『공부의 기쁨이란 무엇인가』, 다산에듀, 2011.1.19

| 리더십/경영 |

『이재용의 제로베이스 리더십』, 미다스북스, 2015.7.21

『삼성가 딸들의 경영 스타일』, 머니플러스, 2014.1.20

『이건희 리더십』, 문학스케치, 2013.4.3

『이건희 경영정신』, 머니플러스, 2013.3.27

『기아는 어떻게 위기를 극복했는가?』, 참돌, 2013.2.5

『왜 결국 삼성전자인가』, 브레인스토어, 2013.1.18

『삼성비전 2020』, 문학스케치, 2012.12.24

『이건희 27법칙』, 미다스북스, 2012.4.20

| 성공/부 |

『파워 씽킹』, 청림출판, 2024.4.17

『부의 임계점』, 플랫폼연구소, 2021.1.29

『성공과 행복의 7가지 법칙』, 플랫폼연구소, 2020.7.15

『스케일의 법칙』, 아템포, 2018.12.10

『독특함에 미쳐라』, 휴먼앤북스, 2014.3.20

『싸이 신드롬』, 문학스케치, 2013.4.22

『가슴 뛰는 성공 너만의 강점으로 승부하라』, 멘토르, 2013.2.5

『당신을 부자로 만들어 주는 것들』, 티즈맵, 2012.12.29

『나는 성공의 지도를 보고 간다』, 레몬북스, 2012.10.22

『안철수의 28원칙』, 북씽크, 2012.7.5

| 두뇌 혁명/뇌과학 |

『당신을 천재로 만드는 1% 법칙』, 퀀텀앤북스, 2020.7.7

『브레인 이노베이션』, 플랫폼연구소, 2020.7.1

『당신의 뇌를 경영하라』, 북로그컴퍼니, 2014.7.30

『생각의 힘』, 프리뷰, 2014.1.2

| 인생/행복/삶의 태도 |

『천재의 법칙』, 저녁달, 2025.3.10

『인생의 온도』, 퀀텀앤북스, 2018.4.11

『40대를 위한 삶의 기술, 마흔혁명』, 퀀텀앤북스, 2017.10.16

『김병완의 인생혁명』, 북씽크, 2016.3.10

『저절로 어른이 되는 것은 아니다』, 새로운제안, 2015.5.20

『행복하게 나이 드는 법 78』, 라이온북스, 2014.5.30

『서른 살의 인생수업』, 서래books, 2014.3.7

『행복하고 싶을 때 마음을 비틀어라』, 일리, 2014.2.1

『빨리 가려면 혼자 가고, 멀리 가려면 함께 가라』, 루이앤휴잇, 2013.12.27

『열정을 말하라』, 생각너머, 2013.12.20

『한 가지 법칙』, 북스앤드, 2013.11.8

『여자 철의 여인들처럼』, 북씽크, 2013.9.1

『40대, 다시 한 번 도전에 미쳐라』, 문학스케치, 2013.4.15

『성공이 목표일지라도 행복이 우선이다』, 아비모, 2013.1.16

『세상은 행동하는 자의 것이다』, 마인드북스, 2013.1.7

『뜨거워야 움직이고 미쳐야 내 것이 된다』, 서래books, 2013.1.5

『어떻게 차별화를 할 것인가』, 북씽크, 2012.12.10

『대화 속의 숨겨진 진실』, 북씽크, 2012.10.10

『박근혜의 인생』, 문학스케치, 2012.8.17

『내 인생 조금만 더 행복하길』, 팬덤북스, 2012.6.30

『인생의 절반은 행복하게 살자』, 라이온북스, 2012.2.5

『마흔, 행복을 말하다』, 무한, 2012.1.30

『단사리 마음혁명』, 일리, 2012.1.23

2. 김병칼리지 출신 작가들의 책들[9]

강다현, 『과학이 재미있어지는 질문과 토론』, 런스탠딩, 2023.6.30

　　　〃　　『스토리 물리학』, 글라이더, 2018.11.28

　　　　　　* 김현벽, 강다현 공저

　　　〃　　『10대, 나만의 꿈과 마주하라』, 글라이더, 2016.4.20

강석진, 『암 환자를 살리는 보호자의 선택』, 건강다이제스트사, 2014.10.1

강재훈, 『자기주도학습법 iMAP 공부법』, 평단, 2017.1.31

고명환, 『고전이 답했다 마땅히 살아야 할 삶에 대하여』, 라곰, 2024.8.26

　　　〃　　『나는 어떻게 삶의 해답을 찾는가』, 라곰, 2023.6.15

　　　〃　　『이 책은 돈 버는 법에 관한 이야기』, 라곰, 2022.9.19

　　　〃　　『책 읽고 매출의 신이 되다』, 한국경제신문사, 2017.10.20

권귀헌, 『완주 50일 바꿔쓰기』, 서사원주니어, 2023.6.28

　　　〃　　『초등 맞춤법 50일 완주 따라쓰기 : 심화 편』, 서사원주니어, 2021.11.5

　　　〃　　『엄마의 글쓰기』, 서사원, 2020.2.20

　　　〃　　『부모와 아이의 소통일기』, 심야책방, 2019.10.21

　　　〃　　『엄마의 글 공부』, 제8요일, 2017.11.18

---

9)　예스24의 분야별 베스트셀러, 다양한 분야에서 이슈가 된 책, 2020~25년
　　사이에 출간된 책 등을 중심으로 우선 선별한 리스트다. 누락된 도서 저자
　　분들의 너그러운 양해를 구한다.

　　　　〃　『포기하는 힘』, 브레인스토어, 2016.6.3

　　　　〃　『삶에 행복을 주는 시기적절한 질문』, 미래북, 2015.8.26

　　　　〃　『질문하는 힘』, 스마트북스, 2015.3.30

권수택, 『오감독서』, 인간사랑, 2018.11.20

권영애, 『선생님의 해방일지』, 생각의길, 2023.4.14

　　　　　* 권영애, 버츄코칭리더교사모임 공저

　　　　〃　『마음에도 옷이 필요해 마음 추운 날 마음코트』, 아이스프림, 2020.4.3

　　　　〃　『자존감, 효능감을 만드는 버츄프로젝트 수업』, 아름다운사람들, 2018.1.3

　　　　〃　『그 아이만의 단 한 사람』, 아름다운사람들, 2016.9.27

권태화, 『현오와 걷는 백두대간』, 리더북스, 2017.8.21

권혜영, 『나는 꿈이 있어 멈추지 않는다』, 굿인포메이션, 2021.5.15

기성준, 『기억독서법』, 북씽크, 2017.7.10

　　　　　* 기성준, 진가록, 미라클독서모임 공저

　　　　〃　『글쓰기부터 바꿔라』, 북씽크, 2016.7.10

　　　　〃　『독서법부터 바꿔라』, 북씽크, 2015.9.10

김경희, 『내 인권 친구 인권북』, 스토리, 2022.6.20

　　　　　* 김경희, 서미라 공저

　　　　〃　『변호사 해석법』, 이담북스, 2021.1.4

김동오, 『상위 1% 인플루언서로 가는 절세 노하우』, 다온북스, 2023.8.31

　　　　〃　『1일 마스터! 성공 창업을 위한 실전 세무』, 다온북스, 2020.12.4

김동하, 『우뇌 혁명』, 느낌이있는책, 2017.7.10

　　　　〃　『천재보다 집중 잘하는 청소년이 성공한다』, 평단문화사, 2014.7.25

김라미, 『언제 가장 즐거웠니?』, 바이북스, 2022.1.15

김미경, 『김미경의 우뇌 독서 혁명』, 미다스북스, 2023.12.28

김미중, 『따로, 또 같이 살고 있습니다』, 메디치미디어, 2018.9.10

김선, 『일 잘하는 사람은 글을 잘 씁니다』, 북스톤, 2021.3.22

김수진, 『아오지에서 서울까지』, 세창미디어, 2017.8.21

김승언, 『느리고 서툰 아이 몸놀이가 정답이다』, 서사원, 2022.2.25

    〃   『만질수록 똑똑해지는 촉감놀이』, 한언, 2022.2.21

    〃   『아이의 모든 것은 몸에서 시작된다』, 카시오페아, 2018.8.31

    〃   『오픈도어』, 한언, 2016.3.2

김영실, 『하나님 진짜예요?』, 커넥팅북스, 2021.5.25

김영연, 『나는 혜화동 한옥에서 세계 여행한다』, 이담북스, 2020.6.1

김영익, 『챗GPT 영어 혁명』, 동양북스, 2023.7.25

    〃   『딱 이만큼 영어 회화』, 다산북스, 2020.9.9

    〃   『27년 동안 영어 공부에 실패했던 39세 김과장은 어떻게 3개월 만에 영어 천재가 됐을까』, 비즈니스북스, 2018.5.24

김영희, 『아이만 빼고 다 바꿔라』, 작가교실, 2022.3.10

    〃   『끝내는 엄마 vs 끝내주는 엄마』, 가나북스, 2015.12.20

김유라, 『2023 내 집 마련 가계부』, 한국경제신문사, 2022.9.23

    〃   『6개월에 천만 원 모으기』, 한국경제신문사, 2018.12.17

          * 이대표, 성선화, 김유라, 서영아 공저

    〃   『아들 셋 엄마의 돈 되는 독서』, 차이정원, 2018.11.5

    〃   『나는 마트 대신 부동산에 간다』, 한국경제신문사, 2016.10.25

김재윤, 『73세인 나는 왜 도전을 멈추지 않는가?』, 두드림미디어, 2024.12.16

김주난, 『66일 습관혁명』, 이지퍼블리싱, 2021.3.15

김철수, 『뇌세포 재활로 치매 치료 가능하다』, 공감, 2017.11.25

    "   『나는 치매랑 친구로 산다』, 공감, 2015.12.10

    "   『장모님의 예쁜 치매』, 공감, 2014.5.7

김충만, 『필요한 부분 핵심만 골라 읽는 대충 독서법』, 스마트비즈니스, 2017.1.25

    "   『몰라서 못 받는 대학 장학금 당당하게 받는 110가지 방법』, 스마트비즈니스, 2016.3.4

김하은, 『불완전한 19살』, 플랫폼연구소, 2022.9.15

    "   『가끔은 힘들어도 괜찮아』, 플랫폼연구소, 2021.5.3

    "   『15살이 쓴 미국 유학 도전기』, 플랫폼연구소, 2020.9.24

김호진, 『똑똑해지는 뇌과학 독서법』, 리텍콘텐츠, 2020.1.20

김흥중, 『임금도 보고 싶은 조선왕조실록(상)』, 실록청, 2024.6.30

    "   『임금도 보고 싶은 조선왕조실록(중)』, 실록청, 2024.6.30

    "   『임금도 보고 싶은 조선왕조실록(하)』, 실록청, 2024.6.30

        * 김흥중, 손귀분, 이남철, 배용구 공저

    "   『상위 1% 청소년을 위한 조선왕조실록 4』, 주니어공감, 2022.5.30

    "   『상위 1% 청소년을 위한 조선왕조실록 3』, 주니어공감, 2022.5.30

    "   『상위 1% 청소년을 위한 조선왕조실록 2』, 주니어공감, 2022.5.20

    "   『상위 1% 청소년을 위한 조선왕조실록 1』, 주니어공감, 2022.3.10

    "   『왕의 일기, 일성록과 정조의 리더십』, 넥센미디어, 2020.10.30

    "   『글쓰기 책쓰기를 위한 현대문법 어문규정』, 넥센미디어, 2020.3.25

　　　"　『현대문법 어문규정』, 넥센미디어, 2019.1.25

김희연, 『학교에서 빛이 나는 아이들』, 한울림, 2024.2.8

　　　　　* 교육공동체 잇다, 김희연 외 7명 공저

　　　"　『엄마의 자존심과 아이의 자존감이 충돌할 때』, 한국경제신문사, 2021.4.29

남낙현, 『하루 10분의 기적 초등 패턴 글쓰기』, 청림Life, 2020.9.9

　　　"　『왜 읽었는데 기억나지 않을까』, 씽크스마트, 2019.8.15

　　　"　『우리는 독서모임에서 읽기, 쓰기, 책쓰기를 합니다』, 더블엔, 2018.2.22

랍비마마, 『유대인 엄마의 부자 수업』, 트러스트북스, 2021.7.1

로니 박, 『부의 임계점』, 플랫폼연구소, 2021.1.29

　　　　　* 로니 박, 김병완 공저

　　　"　『나는 글로벌 1인 기업가로 500억을 벌었다』, 퀀텀앤북스, 2020.5.19

마이클 최, 『인생은 원하는 대로 흘러가지 않는다』, 미다스북스, 2024.7.11

문형록, 『느헤미야처럼 경영하라』, 라온북, 2017.1.13

박순녀, 『블로그 무작정 따라하기』, 길벗, 2015.10.31

박영해, 『내 아이 바보 만들기』, 가나북스, 2017.2.15

박정석, 『일본 아는 척하기』, 반석북스, 2024.12.16

박정선, 『대한민국 20대, 부동산에 미쳐라』, 원앤원북스, 2016.11.4

박정수, 『대한민국에서 부동산으로 큰부자 되는 비밀』, 트러스트북스, 2019.5.29

　　　"　『이제는 당신이 성공할 차례다』, 매일경제신문사, 2017.10.27

　　　"　『Attitude 애티튜드』, 매일경제신문사, 2017.9.5

　　　"　『부동산 & 금융 100문 100답』, 평단, 2016.12.12

　　　"　『나는 갭 투자로 200채 집주인이 되었다』, 매일경제신문사, 2016.7.18

〃 『왕초보도 100% 성공하는 부동산 투자 100문 100답』, 평단, 2016.4.22

박현근, 『메신저가 온다』, 바이북스, 2021.10.10

〃 『고교중퇴 배달부 연봉 1억 메신저 되다』, 바이북스, 2019.11.25

백수연, 『괜찮아, 내 인생의 주인공은 나니까』, 보랏빛소, 2018.11.30

〃 『괜찮아, 꿈이 있으면 길을 잃지 않아』, 보랏빛소, 2015.11.25

변대원, 『책은 꼭 끝까지 읽어야 하나요?』, 북바이북, 2019.6.3

서민석, 『서른일곱, 63년의 목표』, 북씽크, 2016.2.10

손유리, 『이제 겨우 엄마가 되어 갑니다』, 유노라이프, 2022.4.15

송기범, 『공무원 2배속 스마트폰 합격법』, 가나북스, 2022.4.25

송동현, 『지금 시작해도 주식투자는 복리다』, 스마트비즈니스, 2016.8.4

* 송동현, 정수경 공저

〃 『주식 초보가 세 달 안에 천만 원을 버는 법』, 북씽크, 2015.7.10

안성진, 『일상에서 생각 깨우기 연습』, 타래, 2018.3.15

〃 『저절로 아빠가 되는 것은 아니다』, 타래, 2017.8.20

〃 『내 안에 잠든 작가의 재능을 깨워라』, 가나북스, 2016.11.25

〃 『하루 10분 아빠 육아』, 가나북스, 2015.11.25

안종원, 『법원을 드나드는 사람들은 왜 미소가 없을까』, 경이북스, 2021.5.1

〃 『변호사 절대 믿지 마라』, 이담북스, 2020.12.11

양현상, 『우주경제에 투자하라』, 두드림미디어, 2024.9.20

양혜영, 『외국어, 저도 잘하고 싶습니다만』, 글라이더, 2019.5.24

〃 『바로바로 독일어 독학 단어장』, 탑메이드북, 2018.6.20

〃 『일상생활 유럽 여행회화 375』, 탑메이드북, 2016.9.10

엄남미, 『기적의 1초 습관』, 피카, 2021.12.15

    〃   『기적을 만드는 감사메모』, 케이미라클모닝, 2021.10.29

    〃   『딱 1년만 말투를 바꿔보자』, 케이미라클모닝, 2021.5.25

    〃   『미라클맵』, 캐스팅북스, 2019.12.25

오기환, 『개그맨 되는 법』, 국민출판사, 2017.6.16

오우진, 『마인드 & 바디 밸런스』, 한국경제신문사, 2021.7.30

옥복녀, 『엄마의 마음은 눈물로 자란다』, 타래, 2020.5.10

    〃   『가짜부모 진짜부모』, 행복에너지, 2016.1.1

유심건, 『161의 기적』, 바이북스, 2018.7.25

유영택, 『단지 메모만 했을 뿐인데』, 도서출판 니어북스, 2022.3.15

    〃   『정리의 스킬』, 가나북스, 2020.2.2

    〃   『오후반 책쓰기』, 가나북스, 2015.10.24

유재천, 『성장, 의미로 실현하라』, 행복에너지, 2017.2.15

유창성, 『당신의 운동은 몸개그였다』, 망고나무, 2019.3.7

이규하, 『15분 기적의 코어운동』, 세림출판, 2017.7.30

이덕주, 『지금이 내 인생의 골든 타임』, 초록비책공방, 2018.6.20

이동윤, 『내 책은 결재가 필요 없다』, 이담북스, 2024.10.18

    〃   『나만의 스토리로 책쓰기에 도전하라』, 이담북스, 2023.9.30

이두용, 『비전을 향하여』, 보고미디어, 2018.9.30

이영배, 『어미 팔아 친구 산다』, 대한미디어, 2016.7.25

이영화, 『시험 기술』, 포북, 2016.12.5

이은진, 『1% 도전의 행복! 챌린지』, 케이미라클모닝, 2024.1.5

이재희,『행복한 인생 2막 지침서』, 이담북스, 2018.11.1

이정원,『엄마의 말습관』, 프롬북스, 2016.10.14

　　　　 ″ 　『유능한 초등교사는 자신의 아이를 어떻게 가르치는가』, 알투스, 2015.7.6

이종길,『소형 아파트 빌라 투자 앞으로 3년이 기회다』, 끌리는책, 2015.4.20

이지수,『연기를 배우면 생기는 7가지 선물』, 가나북스, 2022.4.25

이지현,『강아지가 유치원에 간다고?』, 이담북스, 2023.12.15

이형준,『십대, 좋은 습관 1일 1실천』, 피플앤북스, 2021.11.25

　　　　 ″ 　『청소년을 위한 매력적인 글쓰기』, 하늘아래, 2020.5.25

　　　　 ″ 　『청소년을 위한 자존감 수업』, 하늘아래, 2019.5.25

　　　　 ″ 　『단기간에 성적을 올리는 역전 공부법』, 하늘아래, 2018.4.20

　　　　 ″ 　『속도가 빨라지는 역전 공부법』, 하늘아래, 2017.7.20

　　　　 ″ 　『10대를 위한 자존감 수업』, 하늘아래, 2016.11.25

임정택,『월세 부자의 비밀 노트 2』, 책비, 2018.12.24

　　　　　　 * 임정택, 김동욱 공저

　　　　 ″ 　『월세 부자의 비밀 노트』, 책비, 2017.2.20

임준호,『군대 골라가기』, 학고재, 2017.8.23

장인옥,『일일일책』, 레드스톤, 2017.11.10

장재훈,『군대를 최고의 대학으로 만들다』, 가나북스, 2017.8.15

장진현,『큰손의 전략』, 매일경제신문사, 2018.8.15

전아름,『독서 꼴찌 탈출기』, 가나북스, 2017.5.25

정강민,『위대한 기업은 한 문장을 실천했다』, 넥서스BIZ, 2022.11.25

　　　　 ″ 　『스타트업에 미쳐라』, 한국경제신문사, 2016.8.5

정민우(달천), 『월급보다 월세 부자』, 한국경제신문사, 2017.3.3

정선주, 『학력파괴자들』, 프롬북스, 2015.10.26

정진우, 『장사도 인문학이다』, 무한, 2017.1.31

조민정, 『머지않아 중국과 일하게 될 당신에게』, 이콘, 2016.9.27

조수현, 『상사가 열광하는 마법의 보고서』, 프롬북스, 2022.10.20

조영범, 『평생 친구 사귀는 방법』, 마음세상, 2023.1.30

조충근(청목), 『나는 월세 받아 세계여행 간다』, 머니플러스, 2017.8.20

주경진, 『아픈 리더, 병든 조직을 살리는 어시스트 리더십』, 마음세상, 2024.9.30

차영경, 『좌뇌우뇌 밸런스 육아』, 브레인스토어, 2021.7.16

채송화, 『물이 나다』, 케이미라클모닝, 2023.9.4

최강순, 『니체, 세상을 넘어 나만의 길을 가다』, 글라이더, 2016.10.28

최돈흥, 『오늘도 일터에서 4명이 죽는다』, 매일경제신문사, 2020.10.5

최민석, 『오로지 대한민국에서 영어 두뇌 만들기』, 렛츠북, 2016.3.15

최임수, 『인생역전 사장스킬』, 한국경제신문사, 2018.5.1

최형만, 『예능인 : 예수님의 능력으로 살아가는 인간』, CLC(기독교문서선교회), 2019.6.28

한근우, 『모든 움직이는 것들의 과학』, 사과나무, 2018.10.22

　　〃　　『일렉트릭 빅뱅』, 사과나무, 2017.1.10

한상필, 『대한민국 공무원 민원 응대 설명서』, 생각비행, 2021.10.5

허경태, 『노후를 준비하는 삶』, 렛츠북, 2024.10.1

　　〃　　『행복한 삶을 위한 讀한 선물』, 렛츠북, 2021.9.1

　　〃　　『세상 사는 이치』, 청어, 2016.11.30

        〃   『고전오락』, 큰나무, 2015.11.16

허남원, 『나만의 심쿵 Job』, 일일사, 2018.9.3

        〃   『안된다꼬예?』, 매일경제신문사, 2014.10.27

홍선경, 『독서백신』, 바이북스, 2022.9.25

홍현수, 『운명을 바꾸는 노트의 힘』, 북포스, 2017.12.22

황연태, 『군사보안 첫걸음』, 진영사, 2019.2.11

        * 황연태, 정순모, 유석봉, 박승기 공저

황이선, 『치매 이상행동 케어 12가지 방법』, 두드림미디어, 2024.7.15

여우가 아닌 고슴도치가
경쟁에서 이긴다

20세기 가장 영향력 있는 철학자 중 한 명인 아이작 베를린은 자신의 에세이를 통해 톨스토이의 역사관을 분석하는 과정에서 사람을 두 가지 부류로 분류한 바 있다.

"여우는 많은 것을 알지만, 고슴도치는 한 가지 큰 것을 안다."

이 말은 그가 고대 그리스 시인 아르킬로코스의 말에서 인용한 것이지만, 그의 책을 통해 세상에 더 유명해졌다. 그의 이 말을 통해 우리는 알 수 있다.

세상에는 두 부류의 사람들이 있다. 하나는 여우형이고, 또 다른 하나는 고슴도치형이다. 여우형은 한 마디로 다양한 주제에 관심이 많고, 다재다능한 유형의 사람이다. 반대로 고슴도치형은 단순하고, 한 가지 주제에 몰두하는 유형의 사람이다.

여우형 사람은 수많은 기술과 전략을 지닌, 어떻게 보면 스마트한 인물이다. 반면, 고슴도치형은 단순한 전략 하나만을 의지하는 미련한 유형이다. 그런데 경쟁에서 어떤 전략이 이길까?

여우형은 다재다능해서 어떤 문제에 직면하거나 목표 달성을 해야 할 경우, 다양한 방법으로 문제를 해결하거나 목표를 달성하려고 한다. 굉장히 빠르고 유연하다. 보통 사람은 생각지도 못한 다양한 방법과 재주로 문제를 해결하려고 한다. 너무 다양한 방법과 시도를 통해 때로는 본질에 집중하지 못하고, 자신의 복잡함 속에서 자신을 잃고 길을 헤매기도 한다. 이러한 다재다능함은 깊이 있는 성과를 만들어 내지 못한다. 한 가지를 오래 우직하게 해 나가지 못한다. 우보만리라는 말과 전혀 맞지 않는 유형이다.

이에 비해 고슴도치형은 조금 둔하다. 미련하게 한 가지만을 고집하고 집중한다. 한 마디로 단순하다. 여우처럼 화려하거나 다양한 기술을 가지고 있지 않다. 그저 세상이 어떻게 돌아가든, 다른 경쟁자가 무엇을 하든 신경 쓰지 않는다. 사실, 경쟁자나 세상이나 결과에 관심도 없다. 자신이 세상에서 가장 잘하는 한 가지를 확실히 붙잡고, 그것에만 집중하고 몰입한다. 결국 이 단순함이 고슴도치를 경쟁에서 승리하게 만든다. 한 분야에서 깊이 있는 성과를 만들어낸다.

여우가 아무리 다재다능한 실력과 스킬로 다양한 전략을 스마트하게 펼쳐도, 승리하는 자는 자신만의 단순하고 강력한 한 가지 방법으로 우직하게 한 길만을 가는 고슴도치다. 고슴도치의 한 가지 전략, 단순한 전략은 복잡한 세상에서 더욱 큰 힘을 발휘한다.

인생에서도, 사회에서도 여우처럼 행동하는 사람은 크게 성공할 확률이 낮다. 반면에 고슴도치처럼 살아가는 사람은 크게 성공할 가능성이 크다. 이미 동양에서는 이런 사실을 잘 알고 있었다. 아이작 베를린 이전에 동양에서는 이런 말들이 알려주는 교훈이 넘쳐났다.

우공이산, 우보만리, 마부작침, 대기만성...

그렇다. 어리석은 사람이 산을 옮기고, 경쟁에서 승리하는 법이다. 이런 사실을 동양에서는 이미 알고 있었던 것이다. 이런 교훈은 복잡해져 가는 현대 사회에서 더 중요하다. 현대 사회는 무수한 정보와 기술이 넘쳐나기 때문에 진정으로 중요한 한 가지에 집중하는 사람이 드물다. 다양한 일을 시도하기보다는 자신이 진정으로 잘하고 의미있는 일에 깊이 몰입하는 것이야말로 장기적인 경쟁에서 승리하는 비결이다.

"성공적인 기업은 고슴도치처럼 단순한 것에 집중하고, 그것을 반복해서 실행하며, 결국 위대한 결과를 얻는다."

세계적인 경영학자인 짐 콜린스도 자신의 책『좋은 기업을 넘어 위대한 기업으로Good to Great』를 통해 '단순한 핵심 전략에 집중하는 것이 가장 큰 성공을 거둘 수 있는 비결'이라는 사실을 잘 말해준다.

성공의 열쇠는 화려함이나 다재다능함에 있지 않다. 고슴도치를 통해 우리는 배워야 한다. 진정한 승자는 자신이 잘하는 일을 명확히 알고, 그것에 집중하는 사람이다. 고슴도치의 단순한 전략은 겉으로는 둔해 보이고 어리석어 보이지만, 그 안에는 깊은 지혜와 철학이 담겨 있다.

역사는 잘 말해준다. 결국 경쟁에서 이기는 것은 다양한 기술이 아닌, 단 하나의 강력한 무기다. 고슴도치처럼 단순하지만, 강력한 전략을 가지고 꾸준히 나아갈 때 여우보다 더 멀리, 더 크게 성공할 수 있을 것이다.

명심하자. 여우가 아닌 고슴도치가 경쟁에서 이긴다는 사실을 말이다. 필자도 우둔한 사람, 어리석은 사람에 불과했다. 그래서 우공이산, 우보만리를 실천하고 있는 것인지도 모른다.

만 권의 책을 읽고 백 권의 책을 쓰다

책을 통해 마부작침을 실천한 흙수저 남자의 인생역전 스토리

1판 1쇄 발행 2025년 4월 1일

지은이   김병완
펴낸이   유영택
펴낸곳   도서출판 니어북스
등 록   제2020-000152호
주 소   서울시 송파구 거마로 29
전 화   02-6415-5596
팩 스   0503-8379-2756
홈페이지   https://www.nearbooks.co.kr
블로그   blog.naver.com/nearbooks
디자인   서승연
인 쇄   상지사P&B

ISBN   979-11-991844-0-4 (13190)